GABRIELA REGINA MURGO

GESTARTE

Cómo sanar emociones, rescatar el niño interior y ser feliz

Bonum

Murgo, Gabriela

    Gestarte : cómo sanar emociones, rescatar el niño interior
y ser feliz / Gabriela Murgo.

1. Psicología. 2. Psicología de la Gestalt. I. Título.

Dirección del área de educación: *Julio César Labaké*

Corrección: *Pablo Valle*
Diseño de interiores y cubierta: *Natalia Siri*

Este libro te propone
un proceso de gestación personal
con pensamientos sostenedores y ejercicios
para encontrar tu propio camino,
tus recursos internos y
tu potencial.

Gestarse a uno mismo
para gestar un nuevo entorno.
Sanar tu niño interior para
resignificar tu pasado, disfrutar tu presente
y transformar tu futuro.

Cultivando una presencia
de amor incondicional.
Aprender a ser el mejor amigo de ti mismo,
estando en las buenas y en las malas.

Aceptar lo que hay aquí y ahora
para nacer a lo nuevo.
Fritz Perls decía:
"Morir para nacer de nuevo no es fácil";
por eso, propongo acompañarte a dar a luz
tu verdadero Ser.
La propuesta es Gestarte.

*Al amor
que fue,
es y será…*

ÍNDICE

Agradezco, en orden cronológico, a todas las personas que hicieron posible gestar este libro:

A *José Anastasio Murgo* y *Noemí Rodríguez Polleri*, mis padres, que me brindaron todo lo necesario para seguir mi vocación.
A *Silvia Salinas*, por enseñarme el rol del terapeuta.
A *Cristina Goñi Quintana*, la terapeuta que me contuvo y me ayudó a ser continente.
A mis pacientes, alumnos, participantes y audiencia de mis charlas, por transmitirme el bienestar que les brindaron mis palabras e insistieron en que escriba un libro.
A *Dalmiro Bustos*, por acompañarme en la concreción de este sueño.
A todos aquellos que posibilitaron la materialización de este libro aquí y ahora.

A todos ellos, de corazón… ¡gracias!

PRÓLOGO

por DALMIRO BUSTOS

Acepté escribir estas líneas por afecto a Gabriela. Me cautivó su entusiasmo, su osadía, su pasión por la vida. Comencé a leerlo, sentado incómodamente en un avión rumbo a San Pablo. El afecto de mi mirada preliminar fue transformándose en interés y, poco después, había olvidado mi misión y me dejé llevar por el contenido.

Gabriela circula por autores como Perls —a quien llama "Fritz" con la familiaridad que le concede su admiración—, Osho, Louise Hay, Hugh Prather y muchos otros, quienes se relacionan en su particular estilo que les otorga frescura. Sin nombrarlo, Jacob Levi Moreno —creador del psicodrama, mi maestro y predecesor de Perls— vive en estas páginas: los conceptos "morenianos" de espontaneidad y creatividad están presentes a lo largo del libro.

Gabriela nos ofrece su visión propia del mundo; por ejemplo, su versión sobre las emociones básicas del hombre, sin enfrentarse con Melanie Klein. El lector podrá estar de acuerdo o no con algunos conceptos, esto no es lo importante. Si puede desprenderse de preconceptos empobrecedores, tendrá la oportunidad de compartir con Gabriela su viaje hacia el alma humana.

1 INTRODUCCIÓN

*"Es sumamente difícil definir el amor,
porque se trata de un concepto muy amplio…".
"La única palabra suficientemente amplia
como para abarcarlo sería 'vida'…
Para elegir la vida debemos estar dispuestos
a volver a arriesgar y amar.
Si estamos dispuestos a arriesgar, a sufrir,
conoceremos el amor…
El amor es la vida en todos sus aspectos.
Y si uno pierde el amor,
perderá la vida".*

■

LEO BUSCAGLIA
(Extracto del libro *Vivir, Amar y Aprender*)

Me encontraba en el asiento trasero del auto de mis padres, viajando hacia no sé dónde, cuando terminé de leer este párrafo de Buscaglia… Me incliné hacia adelante, asomándome a sus asientos, y les dije: *Quiero ayudar a las personas a superar los condicionamientos internos que les impiden ser felices.*

Tenía 17 años y la conciencia plena de que la mente es el principal obstáculo para estar en paz. Así fue como conocí personas capaces de atravesar con serenidad situaciones terriblemente dolorosas. Y conocí a otras que, ante la mínima dificultad, perdían la fe y vivían amargadas. De ese modo comencé mi camino de búsqueda de la felicidad. ¿Y a qué me refiero con felicidad?

Muchas veces confundimos
felicidad con alegría.
La alegría es un momento
donde sonríe el alma.
La felicidad es un estado de paz interior
que trasciende cualquier emoción
o circunstancia pasajera, y permanece
a pesar de la tristeza.

Muchas personas con las que me he relacionado a lo largo de mi vida fueron parte de este camino, y a todas ellas les estoy agradecida por ser mis maestros. Algunos de sus nombres los encontrarás en el transcurso de la lectura; no me detengo en el vínculo que me une a ellos, me centro en el mensaje que me transmitieron y hoy quiero transmitirte.

A medida que transitaba este camino interno, ayudaba a abrir caminos a los demás. Así, gestaba bases sólidas para sostener a otros y facilitar el cambio. Y así fue como enseñé mejor, lo que más necesitaba aprender. Mi proceso pasó del ansia de ser amada por otro a la necesidad de amarme tal como soy. Dicho proceso implicó, entre otras cosas, soltar mi ego para abrazar mi esencia y estar presente tanto en el placer como en el dolor, para aprender poco a poco a desarrollar el amor incondicional que tanto anhelaba. Solo "estando en el amor" pude reconocer la divinidad que me habita, enamorarme y vivir… ¡enamorada de la vida!

El aprendizaje comenzó conteniéndome emocionalmente y culminó cuando adopté un cambio existencial en mi mirada, que me permite ser feliz a pesar de todo.

La palabra "gestarte" surgió como fusión de mi amor por el arte y de mi mirada gestáltica. Más tarde, me di cuenta de que ese término describía perfectamente el proceso de transformación que experimenté y que propongo en este libro: es una gestación personal que puede resumirse en la siguiente expresión: "Soltar al ego para Nacer al Ser".

El padre de la Gestalt, Fritz Perls, decía: *"Morir para nacer de nuevo no es fácil"*; por eso te propongo acompañarte en ese camino.

La gestación es un proceso que nos propone diferentes momentos. El *primer momento* tiene tres pasos, y uno de ellos es aceptar lo que hay. Darle la bienvenida a tu aquí y ahora, que es lo único que está aconteciendo. Aceptar implica abrazar el presente como lo mejor que podría estar sucediendo.

Este es el segundo paso: comprender y valorar lo que hay. Y, si lo que hay es dolor, encontrar dentro de ti los recursos para que puedas acompañarte en el dolor, para vivir la vida plenamente.

Al aceptar el presente y valorarlo, puedo amar y agradecer; este es el tercer paso: sentirnos bendecidos y bendecir con nuestro servicio es adoptar una actitud amorosa y agradecida con la vida.

Reflexionemos acerca de cómo llegamos a este mundo: en un estado de total vulnerabilidad, en el que nuestra supervivencia depende solo del cuidado amoroso que nos brindan quienes nos reciben.

El estado de plenitud, en el que estábamos antes de nacer, se pierde. Aparecen sentimientos de soledad y abandono cada vez que el otro no cubre nuestras necesidades en la medida en que lo necesitamos. En ese instante, el dolor de la carencia se hace sentir en mayor o menor medida (de acuerdo a cómo responda el entorno).

En un primer momento, este cuidado depende de nuestros padres (o de quienes cumplan esta función). Pero, al crecer, "el cuidado" comienza a ser nuestra propia e intransferible responsabilidad.

Por ello colaboraré, en el transcurso de la lectura, a que desarrolles tu inteligencia emocional para convertirte en el mejor amigo de ti mismo. Parece algo obvio, pero un buen amigo está en las buenas y en las malas. Sin embargo, la mayoría de nosotros, en el momento en que más nos necesitamos, ¡no nos toleramos! ¿No es así?

El segundo momento de la propuesta de gestación es pasar de la amnesia total de quienes somos al encuentro con nuestra autenticidad y al estado de plenitud tan anhelado. Todo lo que necesitamos es amor (*"All you need is love"*, cantaban los Beatles), pero lo estuviste buscando en el lugar equivocado. No estaba en los bienes materiales, ni en obtener títulos universitarios, ni en alcanzar aquel trabajo. No estaba en tu hogar, ni en encontrar a tu compañero de ruta, ni en tu hijo. En realidad, no había que buscarlo. Estaba dentro de ti..., ¡esperando a que aquietes tu mente para poder reconocerlo y disfrutarlo!

No sé en qué punto de este proceso te encuentras, pero a pesar de todos los condicionamientos que hoy puedas percibir en tu vida, te aseguro que ¡puedes ser feliz!

Podrás encontrar, a lo largo de la lectura, pensamientos que me han resultado sostenedores. Y como me gusta registrar mis "darme cuenta" escribiendo los libros en el margen, te animo a que anotes los tuyos. Si viene a tu mente alguna reflexión, no dudes en escribirlo: de esa manera, estarás desarrollando una mirada contenedora y aumentando tu autosostén.

Para acompañarte en tu propio proceso, te propongo que realices los ejercicios que aquí transcribo. Te guiaré para que puedas reconocer cada emoción displacentera, hasta llegar a perderle el miedo y estar en contacto con ella el tiempo suficiente para identificar lo que necesitas. Pero es necesario que asumas **tu** parte. Observando lo que sientes. Realizar tu proceso de gestación implica involucrarte personalmente con la lectura. Este libro te ayudará a estar presente en tus vacíos. Anímate a conectar con lo que sientes para habitarte aquí y ahora. De esa forma, encontrarás tu propia manera de acompañarte, sostenerte y trascender.

Solo tú puedes brindarte amor incondicional, ¡estás contigo las 24 horas del día! Una vez que logres abrirte a tu amor propio, experimentarás la paz que te inunda y el amor que te colma.

Este libro está destinado a toda persona que desea aprender un camino de autocontención. También para todos aquellos (padres, maestros, terapeutas, líderes) que trabajen con emociones o tengan personas a su cargo. A este grupo le dedico el último capítulo y a todos los invito a... ¡empezar por casa!

EL ENCUENTRO ENTRE LA PSICOLOGÍA Y LA ESPIRITUALIDAD

La psicología no puede excluirse de la espiritualidad. No es cuestión de fe, ni de dogma. Somos seres espirituales viviendo una experiencia humana.

La persona es un ser biológico, psicológico, social y espiritual; concepción que explica y desarrolla sabiamente Viktor Frankl en sus obras.

Hoy más que nunca se hace visible como parte del paradigma de nuestra época y en consonancia con él. Ya lo expresaba M. Fergusson cuando describía esta era en su libro *La conspiración de Acuario*; allí la socióloga describe el paradigma de esta era donde hoy es innegable la concepción espiritual de la Psicología.

El fundamento psicológico de este libro está basado en el trabajo de Fritz Perls, el padre de la Gestalt, al que conocí leyéndolo en la facultad en 1990, y quien me ayudó en la búsqueda de la autenticidad.

El fundamento filosófico del libro tiene sus raíces en el pensamiento del doctor Edward Bach, un avanzado para su época: ¡en 1830 le hablaba de Dios y del proceso de autocuración a la mismísima asociación médica! Admiro su obra, con la cual me identifico, y que transmito desde 1999 en mis cursos de formación de terapeutas florales.

Ambos, pilares de mi formación, fueron valientes revolucionarios: Bach, en la medicina, y Perls, en la psicología. No sé si ellos habrán llegado a conocerse, pero en estas páginas procuré su encuentro.

Es sabido que el ejercicio físico libera endorfinas y provoca un aumento del placer y el bienestar. Los ejercicios que aquí te propongo intentan predisponer a la personalidad y facilitarle "entrar en eje con tu alma", y así poder, desde allí, prepararte para recibir el amor tan anhelado.

Servirán para facilitar tu "darte cuenta". Para registrar cómo te tratas aquí y ahora, cuáles son las necesidades que piden ser cubiertas, y animarte a atenderlas para abrirte al amor incondicional.

Cada uno de los ejercicios está ordenado y diagramado de manera tal que prepara las bases para el siguiente.

Si realizas todos los pasos, sin saltarte ninguno, te facilitarán llegar al estado de felicidad que propongo en este libro.

Si te resulta difícil realizarlos con la lectura y prefieres escucharme, puedes solicitarme, a través de mi sitio web **www.gabrielamurgo.com**, ejercicios en audios con mi propia voz para guiarte en la experiencia.

Antes de realizar los ejercicios

Propongo algunos tips para que te prepares a entrar en contacto con el libro y cuides las condiciones que te faciliten el encuentro contigo mismo.

◈ Busca un lugar tranquilo y sin interrupciones donde puedas trabajar durante 30 minutos. Desconecta los teléfonos para tal fin.

◈ Toma un bloc de hojas blancas sin renglones, lapicera o lápiz negro, y goma de borrar.

◈ Cuando proponga que dibujes, no te centres en tus habilidades técnicas o artísticas: solo interesa que te expreses a través de un recurso en el que no media la palabra. Observa si te condicionas o te criticas, y suelta los juicios de valores.

◈ Ten pañuelos a mano (por si los necesitaras), para no interrumpirte al ir a buscarlos. Así podrás darte permiso de soltar tus lágrimas libremente cuando ellas aparezcan.

◈ Cuando en los ejercicios leas puntos suspensivos (…), es para que tomes el tiempo que necesites para realizar la consigna. Recuerda que es un proceso de gestación, y un "proceso" requiere tiempo, así que hazlos teniéndote paciencia.

◈ Por último, antes de cada ejercicio, dedica 5 minutos a centrarte, a "ubicarte en tu eje". Para ello, te será útil realizar la siguiente práctica:

◇ Observa el ritmo normal de tu respiración sin modificarla…
◇ Observa cómo está ese ritmo…, hasta dónde llega el aire que inhalas…
◇ Luego, realiza durante unos minutos inspiraciones profundas y exhalaciones lentas. En cada exhalación, "suelta" tu mente, deja ir todas tus preocupaciones. En cada inspiración profunda, conecta con tu interior.
◇ Inhala profundamente y exhala lentamente…
◇ Repite esto de 6 a 9 veces, antes de cada ejercicio.

Ahora sí, ¡te invito a gestarte!

2

EN BÚSQUEDA DE LA AUTENTICIDAD

"Sé como tú eres, de manera que puedas ver quién eres y cómo eres. Deja por unos momentos lo que debes hacer y descubre lo que realmente haces. Arriesga un poco si puedes. Siente tus propios sentimientos. Di tus propias palabras. Piensa tus propios pensamientos. Sé tu propio ser. Descubre. Deja que el plan para ti surja dentro de ti".

FRITZ PERLS

DE LA INDIVIDUALIDAD DEL EGO A LA COMUNIÓN CON EL SER

Amanecí en la cama, con la claridad del sol que asomaba anunciando el día, envuelta en el calorcito de mi cobertor. Con esa agradable sensación, similar a un abrazo contenedor, no quería salir de la cama. Entonces me pregunté: "¿Habrá sido así de placentero ser acunados en brazos cuando éramos pequeños?".

Y, seguido a eso, volví a preguntarme: "¿Será esta la sensación que más se asemeja a nuestro 'estar' en la panza de mamá…?".

Si de donde veníamos estaba todo tan bien, placentero, ¿qué sucedió entonces? ¿Cuándo empezó el dolor?

¡Ah!, al salir del útero… Entonces, la comida y las condiciones necesarias para el descanso ya no estaban a disposición.

Cuando había necesidad, dependía de que otro las cubriera, de que "otro me tenga en cuenta". Y no se trataba solo de comida y de sueño. Había necesidad de abrazos, de caricias, de cuidados, de amor. Necesidad de la presencia incondicional del otro, de su compañía.

El mundo se presentaba tan complejo que necesitamos "desconectar-nos", durmiendo casi todo el día para entrar en contacto con esa complejidad poquito a poco, y así fuimos adaptándonos.

Al permanecer despiertos más tiempo, fuimos apropiándonos de ese mundo en el que aparecimos. Con la adaptación al mundo, mejoró y se especializó la manera de hacernos entender, de comunicarnos.

Al principio, eran únicamente llantos o movimientos intranquilos los que expresaban la incomodidad. Lo que exigía la interpretación de quienes nos cuidaban y la prueba de ensayo y error hasta acertar.

Más tarde, apareció la palabra y empezamos a hablar para hacernos entender. También en el proceso de adaptación al mundo de los adultos, fuimos imitando sus costumbres y amoldándonos a lo que ellos deseaban para pertenecer. Su amor era vital para nuestra supervivencia.

Pero, volviendo a mí, me pregunto: en el afán de adaptarme al medio, ¿qué sucedió con mi esencia?

Llegué al mundo en un estado de amnesia total. Y voy construyendo mi imagen con lo que me devuelven los demás y con el otro, como espejo, voy conociéndome. ¿Puede ser que los demás hayan interferido y desvié mi camino? Seguro.

Edward Bach[1] lo explica de esta manera:

Una niña pinta febril y felizmente una casa cuando, de repente, pasa alguien por su lado y opina: "¿Por qué no pintas aquí una ventana y ahí una puerta? También, el camino de entrada debería cruzar así el jardín". Esto tendrá como consecuencia que la pequeña pierda por completo el interés en su trabajo. Quizá siga pintando, pero ahora está plasmada sobre el papel la idea de otra persona. De alguna manera, la enfada, la irrita, la hace infeliz o tiene miedo de rechazar esas propuestas. Quizá comience a odiar el cuadro y probablemente lo haga añicos. En realidad, la reacción que tenga depende del temperamento del niño. Esta es la enfermedad: la reacción de la interferencia. Un fracaso e infelicidad transitoria que se establece en nuestras vidas cuando permitimos que otros se inmiscuyan en el sentido de nuestra existencia sembrando la duda, el miedo o la indiferencia.

---

1   BACH, EDWARD. *Libérese usted mismo*. En: *Obras completas*, Barcelona, I-bis, 1994.

Aquí cabe hacer un paréntesis para aclarar los conceptos de Ego y Ser, además de otros que nos van a acompañar a lo largo de la lectura.

Cuando hablo de la Personalidad, del Ego y de la Mente, los uso para referirme a la manera de ser que nos identifica, porque es más o menos estable, y puede ayudar a realizarnos cuando está en sintonía con los dictados del alma; o bien puede obstaculizarnos cuando hay una falta de conexión con ella.

Cuando hable de Ser y Alma, voy a usar esos términos para referirme a la Esencia que vive dentro de nosotros, lo más auténtico y natural que nos mantiene en contacto con Dios, y que posee las mismas cualidades que el Creador: Unidad y Totalidad.

(Dios tiene tantos nombres como religiones y creencias existen. Me gusta referirme a Él también con nombres que trasciendan los dogmas, como "Todo lo que siempre fue, es y será", o puedo llamarlo Energía Universal, Fuente de Amor, Naturaleza Divina, Unidad o Lo Supremo.)

El cuerpo es el templo donde habitan el ser y el ego (alma y personalidad). Es la casa de ambos y, por lo tanto, a través de sus manifestaciones, nos dice cómo está la relación entre ellos, exteriorizándose con síntomas de bienestar o de malestar.

Podemos ver que el cuerpo se asemeja a las casas. Las hay majestuosas y prolijas, que se encuentran vacías e inhabitadas. A otras, aunque deterioradas por el paso del tiempo, se las percibe limpias, alegres y habitadas.

Me encanta citar esta metáfora de Welwood,[2] al decir que el Ser es como un enorme palacio, y el Ego ocupa solo unas pocas habitaciones. Como el Ego no sale de esos lugares conocidos, se identifica únicamente con esas paredes que habita, aunque algunas sean oscuras y no le produzcan placer, aunque desee vivir de manera diferente. Si se animara a transitar los pasillos, se daría cuenta de que no vive en una habitación ¡sino que reside en un palacio!

---

2 WELWOOD, JOHN, *Psicología del despertar*, Barcelona, Kairós, 2002.

Así nos manejamos nosotros en la vida. Decimos: *"Yo soy así y no puedo ser de otra manera…"*. *"¡Yo no podría jamás hacer eso!…"*. Cada vez que enunciamos frases como estas, cerramos con candado una habitación y, con esto, la o las posibilidades maravillosas que se encuentran latentes en ella. En estos casos, solo "habla el Ego".

Somos parte de la naturaleza y reflejo del UNO del cual venimos. De allí nos desprendemos como imagen y semejanza de esa unidad. En mis clases, dibujo al Ser como un círculo. Cada vez que digo o pienso cosas como: *"Yo así no soy"*; o bien *"Yo no puedo ser así como tú"*, aparece en mí un aspecto negado de mi personalidad, que se torna en sombra y me inhabilita para la experiencia de ser "total". No hay un aspecto nocivo por sí mismo. Cada aspecto será bueno, o no lo será, dependiendo de cómo lo utilice, en qué momento y para qué fin. Lo nocivo es la rigidez que me impide ver que soy parte del todo y que todo está en mí, en mayor o menor medida; la misma rigidez que no me permite moverme, mucho menos modificar y cambiar. Cuantos menos aspectos acepto en mí, menos los acepto en el otro. Entonces, me fragmento y me segrego de la humanidad.

NOTA IMPORTANTE: estos conceptos de ego, ser, cuerpo, emociones, unidad, autenticidad… se retomarán a lo largo de los capítulos. Desarrollarás su comprensión con la lectura y los ejercicios propuestos.

ENTENDIENDO CÓMO ME PERDÍ, DESCUBRO CÓMO ENCONTRARME

Según Bach, la enfermedad es resultante de un conflicto entre la personalidad y el alma, que se manifiesta en mayor o menor medida en el cuerpo.

Según Perls, el hombre, en su adaptación a la sociedad —o sea, al seguir los mandatos externos, los "deberías"— *se neurotiza*. Independientemente de cómo ocurre, lo obvio es que, cuando no me priorizo, traiciono mi esencia. Me alejo de mi centro y sobreviene el displacer.

Las emociones son nuestras guías para seguir los dictados del alma. Cuando desvío mi camino aparece un malestar físico o emocional.

Si bien el dolor es claramente una señal de que algo precisa una mejoría. El malestar físico es una señal clara, pero la incomodidad emocional se confunde, ya que exige diferenciar si ese malestar proviene de los deseos auténticos del alma y las exigentes pretensiones del ego.

Para ello, es preciso tomar conciencia de mis movimientos internos, de mis sensaciones físicas, corporales. Ayuda tomar distancia, acallar mi mente, contemplarme.

La práctica del silencio y la meditación son aliados para el logro de esta premisa: priorizar mis emociones, escucharlas, sentirlas, percibirlas, degustarlas, tomar contacto con mi cuerpo antes de actuar, para lograr la coherencia entre mi sentir, mi pensar y mi actuar.

Si me observo, puedo detectar que las emociones se manifiestan corporalmente: los deseos del alma, a nivel de la boca del estómago, y los del ego, en la cabeza, cerca de la frente.

Cuando hay encuentro entre ambos, logro la coherencia. Ambos se alinean y provocan mi apertura. Me alineo "con" y me abro "a" Lo Supremo. Ahí aparece una sensación de paz y de comunión en el centro de la coronilla (ubicada sobre el centro de la cabeza).

Según Bach, Dios habla a través de nuestra alma, mediante lo que nos place, lo que deseamos, lo que necesitamos y lo que soñamos. El alma es la conexión con la Unidad. Así nos va indicando el camino. El camino nos es revelado.

Tenemos que aprender a discriminar
los deseos auténticos que provienen de ella,
de los deseos del Ego.
Estos últimos priorizan el tener
por sobre el Ser y están influenciados
por mandatos externos.

Cada vez que desees algo, observa si te deja visceralmente tranquilo o si solo tu mente queda conforme. Indaga el para qué, conéctate con la motivación que moviliza lo que deseas y, sobre la base de ella, elige hacer lo que te dé alegría auténtica y te cubra de paz. Esta es la experiencia clave de la felicidad.

Ya vimos que nacemos "sin saber manejar nuestro auto". Hay otro al volante, pero por un tiempo. Irremediablemente, deberé aprender a manejar. Esto puede ser un acto creativo, personal, autónomo y libre. Ello me convertirá en mí mismo si y solo si respondo a mi motivación auténtica. De lo contrario, asumirán el volante otros (nuestros padres, nuestros amigos, nuestra pareja, nuestros hijos, nuestros nietos).

Recuerdo cuando conocí a Mabel. Ella me contaba que se sentía frustrada pues había postergado su estudio universitario para que pueda recibirse su marido. Una vez que él se recibió, retomó su estudio, pero volvió a interrumpirlo para ayudarlo en su trabajo.

Luego vinieron los hijos. Y así siguió postergando su proyecto de estudio hasta que el menor cumplió 20 años. Entonces, se permitió dedicar tiempo para sí misma y finalmente se recibió. Pero, al poco tiempo de comenzar a ejercer su profesión, volvió a abandonarla para ayudar en la crianza de los nietos.

Si Mabel hubiese efectuado sus elecciones según los dictados de su alma, se sentiría plenamente realizada como esposa, madre y abuela; pero, como sus decisiones fueron realizadas para adaptarse a "deberías", una parte de sí misma quedaba relegada, y se sentía abandonada y frustrada.

En su discurso quejoso, parecía no ser responsable de sus elecciones. Cuando lo vimos en el espacio terapéutico, se dio cuenta de que ella permitía esas interferencias del afuera por un mandato interno y, al hacerlo, abandonaba los que su corazón le pedía. ¿Cómo no sentirse frustrada?

Expresa Bach[3]:

En la vida de todas las personas se producen intromisiones. Forman parte del plan divino, y son necesarias para que podamos aprender cómo resistirnos a ellas. De hecho, podemos considerarlas como contrincantes verdaderamente útiles, cuya existencia está únicamente justificada por la circunstancia de que nos ayuden a hacernos más fuertes [...] que nos sirvamos de esta intromisión para reafirmarnos aún más en el sentido de nuestra vida. Cuantos más obstáculos haya en el camino de nuestra vida, tantos más seguros podremos estar del valor de nuestra tarea. Florence Nightingale logró su objetivo a pesar de la oposición de toda una nación. Galileo creía

---

3   BACH, EDWARD. *Libérese usted mismo*. En: *Obras completas*, Barcelona, I-bis, 1994.

que la Tierra era redonda, aunque todo el mundo creía lo contrario, y el pequeño patito feo se convirtió en un cisne, aunque toda su familia se había burlado de él.

Los obstáculos son necesarios para fortalecernos. Al superarlos, desplegamos nuevas potencialidades y recursos internos. De grandes, podemos elegir: dejar que interfieran en nosotros o superar las intromisiones; pero un niño, en su condición de dependencia, no tiene cómo evitarlo, y así aparece el malestar y la enfermedad como señal de alarma de que hemos desviado nuestro camino.

Cuando nacemos, estamos en pleno contacto con nuestra alma y vamos respondiendo orgánicamente a lo que necesitamos para mantener nuestro equilibrio. Si tenemos hambre, no dejamos de llorar hasta que comemos; si estamos sucios, lloramos hasta que nos limpien. Pero, si no hay respuesta a nuestro pedido, dejamos de pedir, y el dolor queda en nuestro corazón y nuestro cuerpo.

Así como Bach dice que enfermamos por interferencia, Fritz Perls[4] expresa que la enfermedad surge cuando, de alguna manera, el individuo interrumpe los procesos. Para ambos, a medida que crecemos, perdemos nuestra armonía pues empezamos a desoír nuestras necesidades en pos de adaptarnos al medio.

---

4   PERLS, FRITZ, *El enfoque gestáltico*, Santiago de Chile, Cuatro Vientos, 1976.

Esto es, porque todos tenemos una necesidad superior, que es ser amados y ser aceptados. Esta necesidad es imperiosa cuando somos niños: dependemos de los demás hasta para lo más básico: casa, comida, atención médica, educación, respeto e incluso permiso para jugar.

Es así como, en pos de nuestra supervivencia, permitimos que interfieran en nuestros deseos y necesidades. Llegamos a adultos acostumbrados a postergarnos, a tal punto que muchas veces no podemos discriminar lo que sentimos o necesitamos auténticamente desde nuestro ser: solo escuchamos al ego y desoímos la voz interior.

Fritz Perls explica que las interrupciones experimentadas se traducen en cuestiones pendientes de ser cerradas, que nos absorben energía y nos impiden el fluir natural de nuestra existencia, provocando, a su vez, más interrupciones en el transcurso de nuestra vida.

Como expresa él en su obra, en lugar de resolver las cosas de a una por vez, para poder pasar a otras, vivimos interrumpiéndonos. Solo al resolverlas lograremos recuperar el equilibrio perdido.

Pero, cuando queremos empezar a armonizarnos, ¡lo pendiente es tanto… que no sabemos por dónde empezar!, y ahí aparece la sensación de confusión. Si hoy te encuentras confundido, tendrás que priorizar lo más urgente para ti, lo que hoy te está quitando más energía.

Cuando puedas darte cuenta de lo que necesitas, tendrás que discriminar qué puede satisfacértelo y qué no.

El tema es que, muchas veces, la percepción está dañada y no logra orientarte correctamente. Por ejemplo, te das cuenta de que necesitas satisfacer tu vocación, pero no puedes elegir qué hacer, pues te gustan todos los cursos que te proponen; o, por el contrario, no te conforma propuesta alguna.

Es importante, cuando ya sabes lo que necesitas, que entres en contacto con ello para restablecer tu armonía y evitar lo que no la satisface. Pero, algunas veces, aun dándote cuenta de lo que te haría bien y de lo que no lo hará, te enfrentas con una tercera dificultad: no poder entrar en contacto con lo que deseas, por lo que tampoco puedes retirarte de lo que no te satisface.

Por ejemplo, sabes lo que quieres estudiar, pero no lo haces porque no eres capaz de abandonar la carrera que empezaste hace tres años.

Así es como, de adultos, nuestro mecanismo de autorregulación falla, en mayor o en menor medida, provocando displacer. Los asuntos inconclusos de la vida nublan tu visión, confunden tu percepción, tu capacidad de darte cuenta de cuándo estar o de cuándo retirarte.

A esta altura, perdiste tu libertad de elección. No puedes escoger los medios apropiados para cumplir tus metas, porque ya no tienes la capacidad de ver las opciones que hay por delante.

Pero estás a tiempo: es cuestión de que puedas tomar conciencia de cómo aparece el desequilibrio para identificar lo que necesitas y recomponer el circuito. Para ello contamos con ejercicios que nos ayudan a escucharnos, aceptarnos e integrarnos, a fin de volver a estar en armonía.

Bach decía que, si uno cumple el dictado del alma, está sano. Fritz explica este equivalente a partir de lo orgánico: si estoy cubriendo mis necesidades, estoy bien; si tengo un montón de necesidades sin resolver en pos de adaptarme al medio, pierdo mi eje. La idea es volver al eje y reparar esto.

¿Cómo? Buceando en las emociones, priorizando cuáles me angustian más. Si tengo un auténtico deseo de cambio, puedo empezar a hacerme responsable de mí mismo. Esto supone priorizarme, dejar de girar en torno del otro para girar en mi propio eje y allí encontrar el equilibrio. Porque, *al estar con el eje afuera, o me caigo o me mareo...*

La adolescencia es el momento de volver a tomar las riendas de mi vida. Pero, si como adulto detecto que he desoído los dictados de mi alma, si se ha dañado mucho mi sistema de autorregulación, tendré que trabajar primero para repararlo y así podré volver a mi centro.

El primer ejercicio es escuchar cómo me siento, para entrar en contacto con lo que necesito. ¡Atendiendo a mis necesidades es como comienzo a estar bien y mejor!

Observa si hay algo que te molesta en este
momento de tu vida. ¿Crees que modificándolo
mejoraría tu vida?

Recuerda que la idea es ahondar
fenomenológicamente en la experiencia,
para que entres en contacto con la vivencia tal
como ella ocurre. Solo describe el proceso,
lo que logran captar tus sentidos. No te vayas
al "por qué te pasa eso", pues solo te llevará
a una idea de lo que te ocurre, que puede ser
real o no (dependerá en gran medida de
la novela que hayas montado de tu vida y del
cuento que te cuentes; además, es llevarte
a trabajar con la mente, con la razón).

El objetivo aquí es que vuelvas a entrar
en contacto con tu mundo emocional, con
las sensaciones, para recomponer tu proceso
natural. Así que no te quedes en la anécdota,
ve más allá y observa:

→ ¿Cómo te sientes?...
(Presta atención a que la respuesta sea un sentimiento o sensación).

Mantén contacto con esa emoción para descubrir más acerca de ella.

Pregúntate:
→ ¿Cómo aparece?
→ ¿Cuándo aparece? ¿En qué momento/s de tu vida te sientes así?
→ ¿Con qué frecuencia te ocurre?
→ ¿Cómo te afecta en el cuerpo? ¿Registras alguna molestia o tensión? ¿Dónde? ¿Cómo?
→ ¿Qué pensamientos la acompañan? ¿Qué piensas al respecto?
→ ¿Qué haces cuando esa emoción aparece?
→ ¿Para qué lo haces?

El PARA QUÉ (a diferencia del por qué) nos lleva a descubrir la motivación o la necesidad a cubrir. Toda acción es "para entrar en contacto con" o "para evitar algo".
Así, el "para qué" te llevará a darte cuenta de tu necesidad, tu motivación actual.

Vuelve a observar lo que haces cuando esa
emoción aparece y registra si...
→ ¿Lo haces para evitar qué?
    ¿O para conseguir qué?
→ Responde: ¿En qué medida eso que
    haces satisface o ayuda realmente a cubrir
    tu necesidad? Soluciona o emparcha?
→ Escribe lo que te hayas dado cuenta...
    (al hacerlo aumentas tu registro y eso
    ayuda a no repetir, moviliza el cambio).

3

LA ACEPTACIÓN COMO CAMINO PARA EL CAMBIO

*Aquello
a lo que te resistes,
persiste.*

CARL JUNG

Aceptar implica abrazar lo que ES, es dar permiso a que suceda lo que sucede. Cuando no acepto algo que me causa dolor, o incluso cuando no tolero el dolor mismo, esa actitud solo ayuda a que el dolor permanezca.

El dolor únicamente se instala cuando es reprimido o ignorado; en cambio, cuando lo acepto, muda. Paradójicamente, solo acepto cuando abandono toda intención de cambio.

Al dejar de luchar contra las emociones displacenteras, puedo escucharlas como una beneficiosa señal de alarma, que me indica que algo no anda bien. Esto me permite detectar qué necesito para sentirme mejor.

En la medida en que observo
con una mirada meditativa mis sentimientos
y contemplo mis pensamientos,
favorezco la posibilidad de darme cuenta.
Lo cual me lleva a recuperar mi poder
de elección y cambio.

Por el contrario, cuando estoy en piloto automático, no elijo, solo repito un patrón, actuando a partir de la programación que tengo incorporada.

Aun así, como soy yo quien responde, soy responsable de ello. Como dice, en su libro *Usted puede sanar su vida*, Louise Hay: *"Somos cien por ciento responsables de todas nuestras experiencias y cada uno de nuestros pensamientos está creando nuestro futuro"*.

Lo alentador es que ella misma aclara: *"Un pensamiento no es más que una idea, y una idea se puede cambiar"*. Así lo confirmó el conductismo experiencial en sus primeros descubrimientos: lo aprendido puede desaprenderse.

O sea, somos responsables de nuestro mundo mental; pero ¿qué pasa con nuestro mundo emocional?

Parto de la idea de que no hay "emociones negativas o positivas", simplemente son "placenteras o displacenteras". Por lo cual, si experimento malestar o vivencio algo displacentero, y a eso le agrego crítica, juicio o enojo, ¿en qué puede ayudarme esa actitud? Solo agrego un sufrimiento adicional a la experiencia dolorosa.

Así que, si ahora mismo estás conectando dentro de ti con alguna vivencia que te provoca malestar, observa qué es lo que haces con ella. Y, si te das cuenta de que te criticas o juzgas por ello, simplemente acepta ese hecho como tal: me estoy juzgando…, estoy enojado…

Acepta esto también como parte de tu experiencia. Intenta relajarte en la emoción observada, permítele que esté allí, dale espacio. Al hacer esto, ¡te estás integrando!

La palabra "e-moción", etimológicamente del latín, significa "movimiento interno". Por ello, no somos responsables de lo que sentimos, pero sí somos responsables de lo que hacemos con lo que sentimos.

Por ejemplo: detesto la idea de comer hígado, ya rechazo su olor, por más que recomiendan su ingesta por contener una elevada cantidad de hierro. Me encantan los chocolates y los helados, y a pesar de lo nocivo que resulte la alta cantidad de grasa que contienen, suelo tener ganas de comer chocolate todos los días, aunque no lo hago porque elijo cuidarme.

No soy responsable de mis emociones pero sí de mis acciones. Si siento enojo con una persona, no puedo evitarlo, pero sí puedo evitar decirle algo que la lastime; y, si elijo hacerlo, soy responsable de las consecuencias que generan mis actos.

Lo que propongo es un camino
a la aceptación total de las emociones
y a hacernos cargo 100%
de nuestras acciones.

Aceptar implica no enojarse, ni juzgar lo que sentimos. Aceptar implica no luchar para dejar de sentir lo que siento, ni intentar controlar lo que me pasa. Actitudes como esas incluyen la idea de que no debería sentirme como me siento, y esa actitud no ayuda. En esos momentos, me rechazo, no me quiero, cuando lo que necesitamos es… ¡amarnos incondicionalmente! Como decía Tonin, *"ámame en los momentos que menos lo merezco que es cuando más lo necesito"*.

Si bien hay pensamientos que pueden generar emociones displacenteras, acepto el dolor…, ¡es parte de la vida! Y todas las emociones que experimentamos son humanas.

Por ende, si siento algún malestar, prefiero observar y escuchar lo que siento para ayudarme a trascenderlo, y no atiborrarme de afirmaciones positivas para negar el estado actual o reprimirlo. Lo cual sería el equivalente de querer controlar lo que me pasa y luchar contra una parte de mí mismo.

♦ **Focalízate** en algo que te moleste
en este momento o que quieras modificar
en tu vida...

♦ **Observa** cómo te afecta en tu cuerpo:
si te pones tenso, cómo se siente, dónde te
molesta. Localízalo y, con todas tus fuerzas,
intenta que esa sensación desaparezca.
Observarás cómo, por más que intentes
negarlo o distraerte, el displacer crece, o
desaparece y reaparece momentáneamente,
tarde o temprano.

¿Reconoces algún momento en tu vida cuando quisiste controlar una emoción?

Controlar es igual a reprimir: de allí, solo puede venir rigidez y futuro descontrol. Seguramente, ya hayas transitado ese camino sin terminar de resolver el tema.

Es como si esa parte con la que estás luchando te estuviera diciendo: *"Tengo una razón válida para estar aquí. Cuando te enojas conmigo y me criticas, o simplemente deseas que desaparezca, percibo cuánto me odias y me siento sola. Acéptame, trátame con cariño. Necesito que me escuches y me atiendas".*

Cuando una emoción displacentera es escuchada y habitada, "se afloja" y da paso a una emoción más placentera.

Cuando no acepto una experiencia dolorosa, agrego un sufrimiento adicional: la idea de que "esto no me debería estar pasando".

Como dice en su libro *Palabras a mí mismo* Hugo Prather: *"Hoy resulta irrelevante pensar cómo me hubiera gustado que sean las cosas. Ahora solo debo tener en cuenta cómo son. Si no enfrento mi vida tal como es en la actualidad, estaré en medio de una Fantasía".*

Hay muchas maneras de no aceptar.
Básicamente, puedes presentarle una lucha
activa a la realidad dolorosa, enojarte
e ir contra ella. O, en contrapartida,
resignarte, ejerciendo una lucha pasiva,
permaneciendo con los brazos cruzados
al costado del camino.

A partir de aquí, lo que haremos juntos es ahondar en todas las emociones displacenteras, producto de la no aceptación, para luego dar paso al antídoto por excelencia: aceptar es recibir la realidad como lo mejor que me puede pasar, para despertar, evolucionar y trascender.

Al tener la mirada puesta en lo que falta me pierdo lo que hay. La insatisfacción no viene por lo que el presente me da, sino por desear lo que no hay.

Por 24 horas no voy a luchar para que el mundo se amolde a mis deseos. Esta actitud me ayudará a cambiar mi percepción: lo que consideraba malo es bueno y lo bueno… ¡es aún mejor!

Aceptar una situación dolorosa es permitirnos estar tristes

La tristeza aparece con la pérdida de algo.

Perder a alguien (una persona significativa, un hijo, un compañero, un padre, una mascota, un grupo).

Perder algo (un objeto preciado, un empleo, un lugar, una casa).

Perder un estado (salud, estatus, reconocimiento, una ilusión, un sueño, un deseo de querer que las cosas sean de otra manera).

Sea la pérdida que sea. La pérdida verdadera se siente solo cuando lo que se pierde es algo que te "tocó el corazón", algo que afectó positivamente tu vida. Por eso, cuando ese algo ya no está, lo que sientes es tristeza. Es más, en oportunidades solo puedes darte cuenta de lo importante de su presencia en tu vida una vez que se hizo ausente. Al perderlo valoras aún más lo bueno que ya no está.

Las emociones, ante la pérdida, pueden ser diferentes dependiendo de cada persona, de lo significativo de la relación construida con lo perdido y de cómo se perdió. Pero siempre resulta una experiencia dolorosa.

La separación física es solo la cara visible de una pérdida; hacer que el alma se despida de lo que fue y ya no está…, y de lo que no pudo ser. Es un proceso. El alma y la mente precisan volver atrás, aparecen imágenes y recuerdos para ir asimilando, comprendiendo, elaborando lo que pasó y a partir de allí capitalizar la experiencia en un aprendizaje como parte de la vida. Esos pensamientos son importantes para tomar acciones a partir de ahora, pero luego de ese tiempo volver atrás no sirve y solo te tortura.

Lo que pasó, pasó. Es importante que lo honres dejándolo en el pasado.

Acompañarnos a soltar la idea de que lo que sucedió no debería haber sucedido, y lo que podría haberse evitado. Lo que sucedió ya es inevitable, no puede ser modificado, solo resignificado. Detectar esto para registrar cuándo necesitamos decirnos "basta, ya fue suficiente…" y dejarnos en paz.

Muchas veces, el dolor es tal que nos cuesta aceptarlo; entonces aparece el enojo como defensa contra el dolor. Con la bronca, nos sentimos fuertes, pero esa fortaleza es una coraza que encubre la tristeza e impide elaborar la pérdida, ya que en el enojo seguimos unidos a lo perdido. Y la realidad es que, tarde o temprano, para despedirnos de lo perdido, hay que darle paso a la tristeza; solo así se elaborará el duelo. El duelo, duele…, y el dolor solo pasa doliendo. Esto puede resultarte difícil pero es necesario y es sano que ocurra para pasar a otra cosa.

El camino para trabajar la tristeza es aceptar el dolor. Decirnos *"Qué lástima que ya no sea…"*; *"Qué lástima lo que nunca llegó a ser…"* facilitará dar lugar a la despedida de lo bueno que tuvo lo que perdí. Me permitirá experimentar la mirada consoladora de la tristeza, la que con aceptación y tiempo pasará, para dar lugar a algo nuevo. Como cuando atravesamos un túnel oscuro donde no hay ninguna luz, y la claridad va apareciendo de a poco, hasta que vislumbramos la luz al final del camino.

Así como a la noche le sigue el sol, a la tristeza le sigue la alegría…, pero no podremos experimentarla antes de atravesar la noche oscura del alma que, aunque parezca interminable, no lo es. El sol siempre está y, luego del momento más oscuro, se abre en alba con todo su esplendor. Esto mismo ocurre con los duelos y la tristeza.

Así que, cuando esos momentos tristes y oscuros aparecen en mi vida, me ayuda abrazar mi tristeza y escuchar a mi alma, que me dice: *"¡Confía!… esto también pasará"*.

Como reflexionábamos anteriormente, con la no aceptación de la tristeza aparecen dos maneras claras de manifestación: una es enojarme; entonces, lucho activamente para cambiar lo que no me gusta. La otra es resignarme, y pasivamente "me dejo" y "dejo de participar en la vida".

Así, la resignación y el enojo son dos maneras de no aceptar algo que duele. Entre ambas, hay muchos matices, que pueden estar acompañados de **angustia** o de **ansiedad**.

La Angustia

Etimológicamente, significa *"angosto"*; tiene que ver con una sensación de opresión. Puede localizarse en el pecho, en la garganta o en la boca del estómago. También aparece vivenciada con *"tengo un nudo en la garganta"*, *"Me duele el pecho"*, etcétera.

Cuando la tristeza es mucha, aparece acompañada de la idea de que no puedo tolerar el dolor; entonces, me cierro, me "angosto" y me angustio.

Suele metaforizarse la sensación con frases como "Estoy tocando fondo" o "Estoy entre la espada y la pared", que remiten a situaciones cruciales. Algo se agotó, llegó a su fin y necesita una resolución.

El antídoto de la angustia

Cuando escucho lo que me angustia (me escucho) y permito el dolor (mi dolor), algo se "afloja", pues esa escucha rompe la escisión que hay en ti, dejas salir lo que mantenías atrapado, lo abrazas y aparece paz en la tristeza pues te estás integrando. Es una situación límite que debo afrontar y puedo trascender. Se asemeja a la experiencia de quien, al tirarse en la piscina, toca fondo, toma impulso y emerge a la superficie. "Comienzo a renacer como el ave fénix".
Si estás angustiado, observa, quédate presente con tu dolor. De esa manera, aprenderás a acompañarte hasta que encuentres una luz al final del camino.

La Ansiedad

Es otra emoción básica como el miedo; pero, a diferencia de este, aparece cuando algo me resulta agradable y quiero entrar en contacto con eso lo antes posible y… ¡lo quiero ya! Es otra manera de no aceptar e impedir el dolor de la espera. Hay una falta de tolerancia a los tiempos, al proceso que lleva cada cosa.

Cuanto menos paciencia, más ansiedad. En el cuerpo, se percibe como necesidad de movimiento, necesidad de hacer algo. Se genera cuando queremos entrar en contacto con algo que imaginamos que nos va a satisfacer. Si esto no ocurre, la ansiedad sigue creciendo proporcionalmente a la necesidad o al deseo de satisfacerlo.

Hay una medida de ansiedad que es sana, pues me moviliza para entrar en contacto con lo que deseo, y me impulsa a actuar. Pero ¿qué sucede si no es el momento de actuar? Entonces, la ansiedad me tensa, y es muy probable que me centre en actos que no me satisfacen pero que me mantienen en movimiento, estar haciendo algo solo porque estoy ansioso y no porque necesite o quiera hacerlo.

Muchas veces, la **angustia** está relacionada con la **ansiedad.** Si estoy atravesando un momento de dolor y no quiero entrar en contacto con esa sensación, aparece la ansiedad como intento de resolver lo que me angustia y, con ella, una variedad de "panaceas" para cubrirla.

La ansiedad está presente en forma casi permanente en la voracidad. Allí nada me basta, quiero satisfacción inmediata. Cuando el deseo de inmediatez lo intento cubrir con cualquier cosa, nada lo calma por mucho tiempo y va a seguir pidiendo más. Lo que pasa en esos estados es que no se llega a tener en cuenta lo que realmente se necesita; entonces, la ansiedad aparece como algo útil para activar la búsqueda; pero, exacerbada y acompañada de una pobre tolerancia a la frustración, sucumbe. Y, al no lograr la satisfacción, se distrae con: comida, consumo de drogas, alcohol, trabajo, afecto, sexo, ropa, lo que sea. No importa cuál sea el objeto (del cual se puede hacer uso, abuso o adicción), detrás siempre hay una necesidad y un impulso por la inmediatez que suele remitirnos a los primeros años de vida, como cuando éramos bebés: lo que el psicoanálisis denomina "la etapa oral".

En la **voracidad** hay una necesidad de afecto básica que la persona quiere resolver desde afuera. La propuesta es aumentar los recursos internos, estar presente, escucharte para saber lo que realmente necesitas y brindártelo, cultivar la paciencia, aprender recursos para acompañarte y así autocontenerte. Esto te nutrirá de una genuina satisfacción y calma.

El antídoto de la ansiedad

Para salir de estos estados, es deseable aprender a tener paciencia; esto es comprender que cada cosa lleva un tiempo.

¿Qué es lo que me permite tener paciencia? La confianza en que todo va a llegar en el tiempo que tiene que llegar.

Y, para poder sentir esa confianza, me ayudará saber que poseo un aspecto dentro de mí —mi parte adulta— que me dice *"Yo estoy atendiendo a lo que necesitas, escucho lo que necesitas y estoy viendo de qué manera puedo darte lo que necesitas"*.

Pero, si me desconecto porque realmente me angustia mucho ponerme en contacto con mi dolor, o porque me parece mucha responsabilidad y no quiero hacerme cargo de eso, voy a seguir con ansiedad y/o con angustia.

Por ejemplo: si no me doy un tiempo para ver qué es lo que necesito, voy a buscar ser llenado por cualquier cosa. Es necesario que me tome un tiempo para:

1. Reconocer "qué" de todo lo que el mundo me ofrece podría llenar esa necesidad.
2. Pensar "cómo" puedo conseguirlo, sin perjudicarme a mí mismo ni perjudicar a los demás.
3. Trazar un plan de acción para comprometer a que mi energía de acción sea utilizada para mi propósito.

El Enojo

Hay una justa medida de agresión que es necesaria para avanzar con iniciativa en la vida, para morder los alimentos, para romper lo que se está haciendo y rehacerlo diferente, para confrontar con lo que no estamos de acuerdo. Nos ayuda a defendernos y a defender lo que deseamos y/o necesitamos.

Hay un enojo que resuelve y un enojo que perjudica. En el momento en que el enojo se exacerba y deja de preservarme, genera resentimientos, odios, y la bronca puede llevar a la agresión física, a golpear o romper cosas, a hacerse daño a uno mismo o a los demás.

Cuanta más rigidez de pensamiento, menos tolerancia a la idea del otro, y mayor la agresión que se genera. Como cuando percibimos que la palabra no es escuchada y la justicia no es suficiente. Entonces, necesitamos hacer ruido para defendernos de la falta de escucha; por ejemplo, cuando el pueblo argentino salió a la calle con cacerolas.

El enojo puede ser indicador de un bajo umbral de tolerancia a la frustración, fácilmente observable en personas "con mecha corta", a quienes cualquier cosa las "enciende". El enojo puede ser indicador de pocos recursos internos.

En ocasiones, aparece la agresión al hablar a los gritos y/o con sarcasmo, como recurso inadecuado para hacer respetar mis derechos, en vez de decirle al otro: *"Yo opino diferente"*, con serenidad y firmeza. Inadecuado porque, lejos de que el otro pueda escucharnos y comprender, al agredirlo solo empleará energía en defenderse. Si estaba abierto, se cerrará; y, si estaba cerrado, se cerrará aún más.

Si hay más dolor del que soy capaz de tolerar, el enojo puede resultar una manera de no aceptación, que propone una lucha activa, que da combate para cambiar la realidad dolorosa.

Cuando hablamos de un dolor que resuelve, puede ser, por ejemplo, pelear por los alimentos o la división de bienes después de un divorcio. Pero, luego de eso, quedarse en el enojo te hace seguir unido al otro, solo impide cerrar sanamente una etapa.

Así es como, en el enojo, me endurezco para no conectar con la tristeza, y ella queda detrás del enojo. Esto puede servir para defenderme o imponer mi postura; pero, cuidado, porque puede ser una manera más de interrumpirme. Quienes han perdido a un hijo en un accidente, el enojo los ayudó a reclamar, por diversas vías, más seguridad para que eso no vuelva a ocurrir con otros. Pero, en algún momento, la tristeza necesita ser vivida. El dolor, de la única manera que pasa, es doliendo.

La Resignación

Es común confundir aceptación con resignación. Lejos de abrazar el presente, la resignación es una lucha pasiva contra la realidad. Es como si dijera: *"No hay nada que pueda hacer, pero como no me gusta lo que hay, ya no participo, me quedo al costado del camino, observando".*

A veces, la resignación aparece luego de una etapa de lucha activa, de enojo. En la resignación, elijo dejar de ser protagonista de mi vida para ser un simple espectador de esta. Hago como si el dolor no existiera, lo ignoro, y pareciera que nada me afecta. Al resignarme levanto una barrera entre el dolor y el afuera, manteniéndome a salvo protegido del dolor; y al mismo tiempo aislado, desconectado de lo que puede conmoverme y alegrarme. Al poco tiempo, la indiferencia y apatía lo tiñe todo de sinsentido.

Así aparece la apatía, donde ya no hay llanto ni alegría, solo queda la desconexión total frente al dolor: permanezco vegetando en la vida, pues todo lo que ella me ofrece no tiene atractivo y carece de sentido para mí.

Por ello, la resignación es caldo de cultivo para la depresión.

La Depresión

Es un intento fallido por no aceptar la tristeza. Aparece como un cuadro de desgano, producto del desinterés en el presente. Acompañan a este trastorno de la voluntad mucho sueño, desconcentración y pérdida de la memoria inmediata, entre otras cosas. Algunas veces, la depresión viene de la mano de la resignación y la apatía. Puede haber llanto, pero no es un llanto reparador; sino un llanto de victimización, de no aceptación de cómo son las cosas. Si ese llanto hablara, diría: *"¿Por qué la realidad no es como a mí me gustaría?; ¡¿Por qué a mí?!"*. Puede estar acompañado de sentimientos de culpabilidad: *"Si yo hubiese hecho esto y no lo otro…"*. En cualquiera de los casos, esta actitud no ayuda a elaborar la pérdida, ni a superar este estadio; solo agrega un sufrimiento adicional al dolor de la pérdida.

Claramente, cuando no quiero conectar con la tristeza de una pérdida, "retiro el corazón" de la experiencia y, por ende, lo retiro de la vida. Welwood, en su libro *Psicología del despertar* (capítulo 12), define la depresión como *"la pérdida del corazón, la que aparece cuando hay amargura hacia lo que es"*. Y nos da una metáfora que yo uso en mis cursos para describir cómo aparece la depresión; aquí va: Imaginemos que dentro de nosotros tenemos una fuente de donde brotan todas las emociones; y en un momento determinado, aparece la tristeza. Y, como no quiero conectar con ella, elijo cerrar la llave de la fuente de mis emociones.

Entonces, ya no siento más tristeza, pero tampoco puedo sentir alegría, ni iniciativa, ni angustia, ni esperanza, ni emoción alguna. Al cabo de un tiempo, todo se tiñe de gris, nada me conmueve. Cerré la llave de la fuente de las emociones y perdí la conexión con mi alma.

Cuando me doy cuenta de esto, aparece otra tristeza: la de haberme desconectado de la vida. Entonces, si decido volver a sentir, reaparece el duelo pendiente de ser elaborado, con la misma o mayor intensidad aún que cuando lo guardé.

Porque esa parte mía que estaba triste tomó dimensiones enormes; por un lado, para ser escuchada y, por otro, por haber experimentado la soledad y el abandono de no haber sido atendida. Otras veces, simplemente crece tanto que la tristeza rompe la llave y nos desborda. Ese desbordamiento puede ser semejante a un dique que nos inunda o que día a día crece un poco más, hasta que una gran tristeza invade todo. En esa instancia, tal vez ya no recordábamos que existía y pareciera venir sin que nos demos cuenta de que nos puso tan tristes; en otras la reconocemos y nos sorprende que aún nos ponga tristes con tanta fuerza un viejo dolor esperando consuelo. Así es como hay casos en los que la depresión aparece con causa conocida; pero, en otros, no hay motivo aparente. Se puede vivenciar como una nube que de repente tiñó todo de gris, o como un manto de tristeza que la persona ha llevado toda la vida. Sea como fuere, detrás de la tristeza se esconde algo pendiente de ser "duelado" (si se me permite la expresión): hay un duelo pendiente. Y lo pendiente de ser "duelado" se abre paso como una represa que se rompe, quiebra la llave de la fuente de nuestras emociones e inunda todo.

Cuando esto sucede, lo único que resta es dejarse llevar y esperar a que se agote.

Es como transitar el túnel oscuro (trayendo nuevamente ese ejemplo), transitar la noche oscura del alma. Solo cuando la transites estando presente con tu dolor, podrás divisar la luz al final del camino. No demores lo que tienes que vivir. Si hay un duelo por hacer, hazlo. Llora todo lo que tengas que llorar tu pérdida.

El antídoto de la depresión

Por extraño que parezca, el antídoto de la depresión es la paz del consuelo que aparece cuando doy paso a la tristeza. Cuando me permito entrar en contacto con la tristeza que me provoca la ausencia de lo perdido, empiezo a elaborar el duelo y a aceptar mi presente.

Esto consiste en volver a poner el corazón, abrir la llave de nuestras emociones y llorar, tanto por lo que fue y ya no es, como por lo que nunca llegó a ser. Convierte tu llanto en un llanto reparador que te permita acompañarte y elaborar tu duelo. El tiempo hará el resto. Luego vendrá lo bueno. Y si la depresión viene acompañada con culpa, es importante trabajarla como lo veremos en el capítulo correspondiente más adelante, para poder trascenderla.

Recuerda que todo vale la pena, las pérdidas ayudan a rescatar lo que en verdad es valioso.

La Melancolía

Es un duelo mal resuelto, más grave que la depresión, porque implica el deseo de morir con lo amado. Una buena elaboración del duelo es: *"Bueno, esto se perdió, yo lo suelto, esto me ayuda a valorar lo que tuve y lo que tengo, y vuelvo a estar en el presente para construir algo".*

En la melancolía, en vez de soltar el objeto amado, me apego a lo perdido y deseo morir con él. El objeto amado puede ser un trabajo, una idea, una persona. Quien la siente podría pensar: *"Esto se murió, ya no es; como no lo soporto, yo tampoco quiero ser, prefiero morir con esto"*; o bien, *"Me quedé sin este trabajo que significaba tanto para mí; a partir de ahora, estoy muerto laboralmente, no existo en el sistema"*; o *"Me dejó mi esposa y bajé las persianas, cerré mi corazón y no voy a volver a amar jamás".*

Para trascender la melancolía, lo primero es diferenciarte de lo perdido. Cuando te identificas masivamente con ello, tu ego está puesto en función de aquello que se perdió, y todo pierde sentido.

Tú eres mucho más que el amor que sentías por lo que se perdió. Retira la mirada de aquello que perdiste, enfócate en mirar lo bueno que te rodea. ¡Valora lo que tienes!… Ese es el aprendizaje de las pérdidas.

Desde que nacemos, vamos perdiendo cosas. Perdemos el seguro lugar del vientre materno, perdemos la mamadera, la maestra cada año, el juguete que más queríamos, un amigo que se muda, la mascota que murió… Así vamos creciendo.

De niños, nos entristecimos por cada una de esas pérdidas y, al poco tiempo, ¡las dejábamos ir para volver a entusiasmarnos con lo nuevo que la vida nos ofrecía!

Si hoy te sientes melancólico, despídete del pasado con agradecimiento por lo vivido y recupera tu curiosidad por la vida. Vuelve a tu mirada de niño para decirte a ti mismo: *"¿A ver, qué sigue?"*.

Si te sientes triste porque se van los hijos de casa y queda el nido vacío, busca entusiasmarte en poner la música que tanto te gusta, en mirar las películas que desees ver, en acomodar el cuarto que quedó vacío y usarlo para lo que consideres necesario, tal vez para los nietos o para recibir huéspedes, o armar tu rincón de *hobbies*.

Date permiso de llorar lo que se fue, y luego agradece el tiempo vivido junto a eso. Toma de tu niño interior la esperanza renovada que te inspira a confiar en que… ¡lo mejor está por venir…, o tal vez ya está sucediendo! Cada día tiene algo bueno para agradecer.

La Nostalgia

La nostalgia viene acompañada de la idea de que todo tiempo pasado fue mejor. Muchos confunden nostalgia con melancolía. Comenzaremos por aclarar la diferencia.

En la melancolía, estamos pegados a un pasado triste, doloroso. En la nostalgia, nos quedamos pegados a un pasado feliz. Este es un estado que aparece con frecuencia en la tercera edad, porque se pierden referentes, se va muriendo gente amiga, va cambiando el barrio, se demuelen o transforman las casas, los clubes. Les cambia el paisaje.

La añoranza de lo bueno vivido aparece al pensar que lo mejor ya pasó y, por ello, se elige vivir de recuerdos placenteros. Esta emoción es la nostalgia.

La nostalgia es un intento fallido de satisfacer una necesidad válida del presente, con recuerdos del pasado. Y es fallido porque nadie puede retroceder en el tiempo.

Si siento nostalgia, *¿qué puedo hacer con lo extraño hoy?, ¿ qué es lo que necesito aquí y ahora?*

Puedo elegir dejar de vivir de recuerdos para rescatar la necesidad básica que hoy necesita ser cubierta y procurar satisfacerla en mi presente. O, en su lugar, puedo elegir satisfacerla con recuerdos, que por más placenteros que resulten, habitan solo en mi memoria.

El antídoto para la nostalgia

Para neutralizar la nostalgia, puede ayudarte reconocer la necesidad en aquello que añoras. Primero observar: ¿qué es lo que añoro? Luego, desapegarte para identificar qué es lo que extrañas de eso, qué te ofrecía eso que añoras, con qué emoción te conectaba. Después, buscar llenar esa necesidad y detectar lo que hay para cubrirla, aquí y ahora, en el presente. Un ejemplo claro es el de Don Pedro que añoraba el club del barrio. Al identificar qué es lo que extrañaba reconoció que en ese espacio experimentaba la sensación de "este es mi lugar", de ser parte. Entonces, emprendió la búsqueda de nuevos lugares de pertenencia y encontró un nuevo espacio para hacerlo suyo. Si mi mejor amigo ya no está y extraño lo compinches que éramos, la intimidad que teníamos, observando la necesidad actual de intimidad y complicidad, puedo abrirme a cultivar nuevas amistades, gente con mis mismos códigos, gustos, etcétera.

Si sientes nostalgia, recuerda que hay algo bueno esperándote, disponible para ti, para cubrir tu necesidad aquí y ahora. ¡No te lo pierdas! A veces, es cuestión de salir a buscarlo y otras de estar abierto, receptivo y disponible al encuentro.

No estás deprimido, estás distraído, por eso crees que perdiste algo, lo que es imposible, porque todo te fue dado. No hiciste ni un solo pelo de tu cabeza, por lo tanto no puedes ser dueño de nada.

Además, la vida no te quita cosas, te libera de cosas. Te aliviana para que vueles más alto, para que alcances la plenitud. De la cuna a la tumba es una escuela, por eso lo que llamas problemas son lecciones…

Haz solo lo que amas y serás feliz, y el que hace lo que ama está benditamente condenado al éxito, que llegará cuando deba llegar, porque lo que debe ser será, y llegará naturalmente.

No hagas nada por obligación ni por compromiso, sino por amor. Entonces habrá plenitud, y en esa plenitud todo es posible.

Y, sin esfuerzo, porque te mueve la fuerza natural de la vida, la que me levantó cuando se cayó el avión con mi mujer y mi hija; la que me mantuvo vivo cuando los médicos me diagnosticaban 3 o 4 meses de vida…

Dios te puso un ser humano a cargo, y eres tú mismo. A ti debes hacerte libre y feliz, después podrás compartir la vida verdadera con los demás.

Ama hasta convertirte en lo amado, más aún, hasta convertirte en el mismísimo amor…

FACUNDO CABRAL
(Extracto de "No estás deprimido, estás distraído")

Para reflexionar

◈ ¿De qué te estás distrayendo hoy?

◈ ¿Qué ocupa exageradamente tu atención?

◈ ¿Qué puedes agradecer hoy?

◈ ¿Cuál es el valor que necesitas recordar?

Escríbelo y colócalo donde lo puedas ver en los momentos en que lo precises.

Abraza el presente como lo mejor que te podría estar pasando. ¡Confía!

La confianza es la clave. *Es el antídoto para la aceptación del dolor y de la tristeza.* Al confiar, puedo abrazar el presente y ser feliz.

Confianza en dos sentidos: en tu mundo interno y en tu mundo externo.

◈ *La confianza en mi mundo interno:* implica saber que tengo los recursos para enfrentar las pruebas que se presentan en el día a día y aprender de los errores. Cuanta más confianza tengo en que no hay prueba que no pueda superar, más puedo darle la bienvenida a los momentos difíciles. Percibir los problemas como obstáculos a sortear y desafíos para crecer.

◈ *La confianza en el afuera:* implica sentir que no estoy solo, la existencia me sostiene, por eso siempre aparece lo que necesito para mi evolución. Alguien o algo que me ayuda. Es la confianza en la providencia divina o energía suprema, o también puedes llamarla "la ley de la Naturaleza", o el proceso de la vida…, o como quieras denominar, de acuerdo con tu sistema de creencias, a aquella energía que siempre fue, que es y que será.

Puedo sufrir la separación de un ser querido, una pérdida laboral o financiera y, a pesar del dolor, sentir que la vida continúa, van a seguir apareciendo cosas buenas, y todo es para algo.

Muy pocas veces puedo comprender el mensaje en el momento en que lo vivencio. El aprendizaje suele verse con mayor claridad en retrospectiva. Al mirar hacia atrás en mi vida, puedo recordar momentos dolorosos, que jamás hubiera imaginado poder transitar y que, al aceptarlos, me fortalecieron.

Las pérdidas tienen un mensaje para darnos: "valora lo que tienes". La conciencia de la muerte y lo efímero de la vida debe hacernos poder disfrutarla al máximo. También lo hace la conciencia de que el **aquí y ahora** es el único momento que puedes realmente habitar, vivir.

Comparto aquí una oración que me acompaña mucho, y para mí define claramente la confianza en la providencia.

Que nada te turbe,
nada te espante,
todo pasa y
Dios no se muda.
La paciencia todo lo alcanza.
Quien a Dios tiene nada le falta,
¡solo Dios basta!

Al leerlo, recuerdo que siempre estoy sostenida.

En un momento difícil para mí, me llegó un mensaje de texto a mi celular que decía lo siguiente: *Querido Dios: la mujer que está leyendo esto es hermosa, fuerte y la quiero mucho. Ayúdala a vivir su vida al máximo y a brillar en los lugares más oscuros donde es imposible amar. Protégela siempre, levántala cuando más te necesite y haz que sepa que, cuando camina a tu lado, estará siempre a salvo.*

El mensaje de Franco llegó en el momento oportuno, sin que él se lo propusiera… Cuando lo leí, me abrí a ese pensamiento e, inmediatamente, pude aceptar lo que me pasaba, ya no me sentí sola, recordé esa presencia de Amor Suprema que me sostiene. Estemos atentos, que no nos distraiga lo que no vale la pena.

Cuando hablo de la aceptación como camino para el cambio, hablo de que no puedo estar en otro lugar, ni de otro modo más que como estoy en este instante. Y que como quiera estar y que a donde quiera ir tengo que partir desde acá, con lo que hay aquí y ahora.

Así que abrazo este estado actual
como lo mejor que puede pasarme
para tomar conciencia
de lo que necesita mi alma…,
¡y lo agradezco!

Cabe aquí hacer una importante reflexión, que nos ayudará a evitar caer en un error bastante común: tener un pensamiento positivo en relación con una situación desagradable no es lo mismo que negar su existencia, es ver lo bueno que hay.

Observa el siguiente ejemplo: Dany tenía una enfermedad en sus articulaciones. Vio la película *The Secret*, que trata sobre la ley de la atracción, de cómo uno atrae lo que piensa en su vida. Conmovida por esto, se propuso pensar en sí misma como una persona sana y dejó de tomar la medicación prescripta por su médico. Entendió que si ella "se creó" la enfermedad, negarla iba a ser suficiente para sanarla. Pues… ¡empeoró!

¡Cuidado con confundir un pensamiento positivo con un pensamiento negador!

Cuando Dany aprendió a asistir a su parte doliente y a quererse a pesar de ello, volvió a cuidarse, a tomar su medicación y a realizarse los controles necesarios, brindándole a su parte necesitada el siguiente mensaje: *"Voy a focalizarme en todo lo bueno que tengo para cuidarte, acompañarte y salir adelante"*. Se focalizó en su fortaleza y en su salud para asistirse. Así, los síntomas de Dany revirtieron.

Aprender a acompañarse le permitió sentirse y estar agradecida con la vida, a valorar y a desarrollar otros aspectos de su personalidad que estaban debilitados o negados.

Cuando agradezco, estoy poniendo la mirada en lo que hay y, desde allí, puedo mejorar, ¡pero no desde otro lugar!

Cuando digo "no" a algo, hay otra cosa a la que le estoy diciendo "sí". Para fortalecer la mirada de lo que hay, es necesario elegir el pensamiento positivo como punto de partida y guía para acompañarme saludablemente.

Es vital tener en cuenta que lo que está desarmonizado en tu vida es algo en tu vida y no "toda" tu vida. Registra cuándo te identificas con tu estado diciendo: soy viuda, soy adicta, soy gorda, soy deficiente, soy pobre, soy madre… ¡Eres mucho más que eso!

Observa si confundes un estado, una manera de estar, con tu ser. Por ejemplo, no eres aburrido, estás aburrido; no eres gordo, estás gordo… Tu estado presente no te define. Y, muchas veces, es resultante de elecciones realizadas en el pasado. El estado de hoy es consecuencia de cómo has estado antes, y hoy estás creando cómo vas a estar mañana.

Así que atiende amorosamente tu presente, abrázalo, siembra en él lo que quieras cosechar, abandona lo que te resulta tóxico, piensa creativa y constructivamente, con gratitud por lo recibido, lo que hay hoy, este estado de conciencia, y por todo lo que vendrá.

Es común creer que la felicidad es estar siempre en un estado de alegría o éxito.

Aceptar estar tanto en la cumbre como en el valle, empezar a disfrutar de la vida donde esta me encuentra, esa es la manera de vivir en plenitud.

Vivir plenamente implica habitar todos los momentos sin querer irme. Cuando asumo este compromiso, acepto mi humanidad, mis limitaciones. Solo allí puedo darme cuenta de si estoy presente conmigo o si estoy "faltándome". Puedo detenerme a observar-me, observar la manera en que me estoy tratando, ¿me abandono?, ¿me critico?, ¿me culpo? y cambiar entonces mi asistencia interna para brindarme amor incondicional.

Y, si no puedo hacerlo, entonces simplemente observo qué me lo impide, registro la resistencia, el obstáculo para saber más sobre él. En la medida en que cambia la relación conmigo mismo, va cambiando la relación con los demás e, ineludiblemente, se producen cambios en mi entorno.

Presentadas formalmente las emociones que aparecen al no aceptar, en los próximos capítulos, describiré la fenomenología de otras emociones; y aumentando la comprensión de lo que sentimos, podemos aprender a acompañarnos amorosamente. Descubrir cuáles son las necesidades que "disparan" mis emociones básicas nos ayuda a asistirlas.

Te invito a realizar los ejercicios que propongo cada vez que te identifiques con una situación emocional, a fin de que puedas vivenciar lo que hasta aquí se ha expresado con palabras, comprendiendo no solo con tu mente sino también con el corazón.

Si eliges no hacerlos, al menos ya sabes cuál es la actitud de ayuda necesaria para acompañarte *"cuando las papas queman"*, como decimos en Argentina cuando hay urgencias o, como dicen en Brasil, *"quando a chapa esquenta"*.

Este es el punto: un buen amigo está
en las buenas y en las malas, no desaparece
ni nos ignora cuando estamos mal.
Nosotros tenemos que aprender a ser buenos
amigos de nosotros mismos.

Muchas son las veces en que no sabemos cómo contenernos, pero lo importante es poder permanecer con nosotros mismos con una presencia incondicional que se basa en el amor y que cultiva amor. Una presencia aliviadora…, pero ¿de qué se trata esta presencia aliviadora?

Para describirla, veamos un ejemplo.

Volviendo a las pérdidas, imagina qué harías si a un amigo tuyo se le muere alguien cercano. La respuesta inmediata es "estar presente". Y no hay algo que puedas decir para aliviar su dolor, ni algo que hacer sino estar presente: en esos momentos, la presencia lo es todo.

Así que si te sientes triste, acude con tu presencia al centro de tu dolor, expresa con tu silencio: *acá estoy yo, llora todo lo que tengas que llorar, te apoyo estés de humor o no, tengas ganas o no; está todo bien, yo estoy acá para lo que necesites, me quedo al lado tuyo, te acompaño.*

Con el próximo ejercicio que propongo, vamos a abrazarnos para cultivar esta presencia incondicional y amorosa hacia nosotros mismos.

Pasos para encontrar la aceptación ante el dolor

1. *Darse permiso:* Recuerda tu humanidad, puedes estar como estás en este instante.

2. *Escucharse:* Ve al centro de tu emoción y quédate en contacto con ella el tiempo suficiente para ver qué es lo que está sucediendo. Pregúntale a tu parte necesitada: ¿Cómo te sientes? ¿Dónde lo sientes, en qué lugar de tu cuerpo? ¿Qué necesitas para sentirte mejor?

3. *Asistirse:* En lo posible, realiza lo que esté a tu alcance para cubrir tu necesidad; y, si no sabes cómo, busca ayuda en un buen terapeuta (más adelante se incluye un capítulo que te ayudará a que puedas identificarlos). El que estés presente ya es compañía y alivia, puedes darte una palabra de aliento, abrazarte leyendo un libro con pensamientos contenedores, mirar una película o hablar con ese amigo que te acepta y te permite ser tú mismo. En la medida de lo posible, no te interrumpas. A los paliativos y a las distracciones déjalos como último recurso, pues solo te aliviarán momentáneamente.

Una vez reconocida y cubierta tu necesidad, la emoción displacentera muda, cambia, pues ya no necesita estar presente, ya no tiene que dar más señales de alarma porque ¡la escuchaste!

Es importante que recuerdes esto: el dolor solo se instala y crece cuando no es atendido. Por eso, la aceptación es el camino para el cambio. Pero, paradójicamente, solo puedes aceptarte cuando te olvidas de la intención de cambio.

Una vez, leí en un cuento de Jorge Bucay sobre una persona que estaba perdida en medio del campo y tenía que llegar a una ciudad. El viajero paraba en una estación de servicio y le preguntaba a un empleado cómo llegar a su destino. El empleado le respondía: "Si usted hubiese doblado a la derecha estaría cerca de la autopista y desde allí yo podría indicarle; sería fácil llegar porque desde allí es todo directo pero, ¡¿desde acá?! No sé cómo explicarle… ¡¿Desde acá?!…". El empleado se quedaba pensando unos segundos y luego arremetía: "Si usted hubiese doblado a la izquierda hace 20 minutos, no es directo pero también le podría indicar, porque si estuviera más cerca de la ruta sería más sencillo, pero, ¡¿desde acá?! Mmm… Desde acá es muy difícil llegar a esa ciudad…

Muchas veces, nosotros estamos como el empleado de la gasolinera. Se nos hace difícil visualizar el camino que nos permite llegar a donde queremos ir. Pero la realidad es que no nos queda otra opción que partir desde donde estamos ahora.

Hoy estás en donde estás y cómo estás y no puedes estar diferente, "es lo que hay", al menos en este instante. Para ir hacia donde necesites hacerlo, deberás, irremediablemente, partir desde lugar aquí y ahora.

¡Recuerda que al aceptarte cien por ciento
con lo placentero y lo displacentero
te estás integrando y estás desarrollando
tu amor incondicional!

Observo en las consultas, últimamente con mayor frecuencia, a personas que llegan con un alto malestar, que desean estar mejor pero se manifiestan muy molestas con ellas mismas por estar como están. Entonces expresan palabras como: *"Hace un montón que yo estoy así y no salgo"*. Muchos se insultan a sí mismos, y dicen: *"Soy una estúpida; Yo soy un tonto; Yo no me doy cuenta; Yo no aprendo más, otra vez caí en la misma situación…"*.

La actitud que te descalifica, que te desvaloriza, que te victimiza, no ayuda. Es lo primero de lo que tienes que darte cuenta: estas posturas te dividen y, lejos de apoyarte, te posicionan en la vereda de enfrente, dejándote solo, como si fueras tu peor enemigo.

Es el adulto que eres el que tiene que aprender a llegar a contener al niño que hay en ti, a tu niño interior.

Es necesario que aprendas a hacerlo. Imagina que tienes dentro de ti a un niño de 3 años que se siente mal y, en vez de escuchar lo que le pasa, le gritas: *"¡Pero mira cómo te pones!"*; *"¡No puedes sentirte así!"*; *"¡Qué vergüenza!"*; *"¡No llores, no llores!…"*. ¿Crees que de esa manera lo ayudas? Imagina lo diferente que sería si le preguntaras: *"¿Qué te sucede?"*; *"¿Qué te molesta?"*; *"Yo estoy para ayudarte, dime qué necesitas para estar mejor"*.

Y, si él no pudiera responder, comenzarías a buscar creativamente recursos para descubrir qué le pasa, observando, por ejemplo, cuándo comenzó a sentirse mal, qué pudo haber sucedido…

La propuesta es, ni más ni menos, que tratarte bien. Como una mamá o un papá amoroso, como si fueras el mejor amigo de ti mismo. Observemos qué actitudes tenemos para con nosotros mismos. En primer lugar, identificar con qué actitud me miro, cómo me trato. En segundo lugar, tratarme mejor. Simple. Si hasta aquí no tienes idea de cómo se hace, ten por seguro que al terminar este libro… *¡la vas a tener!*

En resumen: Cuando miras amorosamente cómo estás, sin crítica, juicio ni temor a las sensaciones displacenteras (pues sabes que ellas son solo signos de que hay algo que resolver), y te quedas en contacto con ellas para observarlas. Al permanecer ahí el tiempo suficiente, podrás distinguir tu necesidad y buscar las herramientas para asistirte y trascenderla. Pues el dolor calma cuando es atendido.

Así que la propuesta comienza con un primer paso: el de la **aceptación** de tus emociones, que es tomar las riendas de tu presente, de tu aquí y ahora.

Aceptar consiste en abrazar el presente como lo mejor que me podría pasar para mi aprendizaje.

El paso siguiente es aprender a contenerlas. Cuando me miro sin juicio ni crítica, desecho las ideas de lo que debería ser y abrazo lo que hay, lo que se da en este momento; cuando aprendo a aceptarme incondicionalmente, en ese instante, la transformación acontece.

EJERCICIO PARA RECONOCER NUESTRO DOLOR

- ¿Qué es lo que no aceptas?

- Observa cómo es tu manera más frecuente de no aceptar. ¿Te enojas? ¿Te deprimes? ¿Te resignas? ¿Sientes nostalgia o melancolía?

- ¿Cómo te molesta emocionalmente? ¿Si te duele físicamente? Exagera el dolor, hazlo crecer para describir mejor cómo es. ¿Dónde lo sientes? Si lo percibes poco

puedes exagerarlo para tomar conciencia
de cómo es.

♦ Toma un lápiz y préstale tu mano para
que tu dolor se exprese.
Completa las siguientes oraciones,
respondiendo en primera persona como si
fueses tu síntoma. (No te preocupes si alguna
frase queda inconclusa o una pregunta sin
respuesta). Ahora, conviértete en TU dolor:
dale voz a tu síntoma y responde escribiendo
con la mano no dominante:
→ Yo soy el síntoma de...............................
   (tu nombre).
→ Estoy localizado en................................
   (en qué parte del cuerpo lo percibes más).
→ Yo, síntoma, soy...................................
   (describe qué características
   y cualidades tiene).
→ Estoy aquí desde...................................
→ Aparezco en los momentos en que..................
→ Me hago notar de esta manera.....................
→ Cuando aparezco, modifico a esta persona
   de esta manera...................................
→ Cuando aparezco, el entorno de esta
   persona se ve afectado...........................
   (de qué manera)

→ Dejo de hacerme notar, disminuyo
o desaparezco cuando ....
→ Lo que quiero decirle a la persona
en que habito es..
→ Yo aparezco en ella para que ....

♦ Ahora, vuelve a ser tú mismo, observando
tu dolor. Y responde:
→ ¿Cómo lo ves ahora?
→ ¿Cómo te sientes respecto de él?
→ ¿De qué pudiste darte cuenta?

Cuando me hago presente con el dolor, lo miro, registro y acompaño, es probable que comience a convivir en paz con él, a aprender a sobrellevarlo; puede que disminuya su intensidad o, incluso, desaparecer.

De este modo, valido el dolor para descubrir qué necesito, cómo me afecta en mi vida, qué cambios puedo realizar para sentirme mejor a pesar de él. Puedo elegir reconocerlo y atenderlo, o mirar hacia otro lado, distraerme e ignorar lo que siento.

Para eso debemos serenarnos, mirarnos… (No existen recetas de otros, ni enciclopedias de libros que te digan qué hacer). La clave está en la mirada hacia nosotros mismos.

Entonces, pues, solo alcanza con que te quedes presente contigo mismo, respirando, en contacto con lo que hay, con eso que duele. El niño que hay en ti va a manifestar lo que necesita y te dirá cómo podrás ayudarlo. Es cuestión de confiar.

Recuerda que la capacidad de amor incondicional es un don que todos poseemos desde nuestro nacimiento, porque venimos del amor y somos parte de él. Solo hay que recordarlo. La palabra "recordar" viene, del latín *re*="volver", *cordis*="corazón", que significa "volver a pasar por el corazón".

Eres amor. Si en algún momento de tu camino lo olvidaste, solo recuérdalo. Nadie te enseñó a respirar cuando naciste. Naciste y respiraste. Nadie enseña a amar. Es cuestión de volver a abrir el corazón.

EJERCICIO PARA ACEPTAR EL DOLOR

- Identifica una emoción displacentera que desees modificar y que estés sintiendo en este momento de tu vida. (Puede ser un enojo con alguien; algo que te duela, te dé miedo o te enoje mucho; algo que quieras modificar con alguien o contigo mismo; también, puede ser algo que quieras cambiar de tu personalidad).

Ahora escoge solo una...

♦ Conecta con ese dolor. Simplemente quiero
   que observes cómo afecta en tu cuerpo
   y lo identifiques; ubícalo en algún lugar
   concreto de él.
   Fíjate qué te duele, observa qué efectos hay
   en tu cuerpo cuando conectas con él.
   "¿Cómo me siento yo con esta situación
   que me duele?".

♦ Visualízalo, como si lo miraras con
   una cámara desde dentro de tu cuerpo.
   Descríbelo, objetívalo...
   ¿Duele desde adentro hacia fuera?
   ¿Es algo tirante, es algo punzante?
   ¿Cómo molesta?...

♦ Para identificarlo bien, te propongo dibujarlo
   y escribir las ideas que hieren.

♦ Vuelve a conectar con él en tu cuerpo; cierra
   los ojos y describe la sensación: su duración,
   su intensidad, su color, su extensión...
   Sin reprimirlo, sin intención de modificar
   nada, "le voy a dar permiso para que haga
   y modifique cuanto quiera".

♦ Abandona las tentativas de control:
en vez de intentar que desaparezca, se alivie
o calme, o distraerte de él, que es lo que
acostumbramos a hacer en la vida, vas
a observarlo para conocer más de él y dejarlo
ser. Solo obsérvalo...

♦ Ahora, te propongo hacer algo más por él:
llévale aire... Inhala por la nariz, lleva el aire
hacia tu síntoma y exhala a través
de él como si hubiese poros en tu dolor.
Fíjate si puedes asistirlo con tu respiración
pero no para que desaparezca, sino
simplemente, para estar presente con él,
le llevas aire de modo que sepa que lo estás
viendo, y acompañarlo con la respiración...
Inhala y exhala desde él. Cada vez que hagas
esto, piensa que le dices a tu dolor:
"Estoy presente, estoy aquí, no te dejo solo".
Respira y exhala a través de sus poros...,
asístelo con tu respiración, contemplándolo...
Y observa qué pasa con él.
Si se quiere expandir, deja que así sea;
si quiere crecer o moverse, también.
Inspira profundamente y habilítalo a estar:
"Puedes estar conmigo. Estoy aquí, no me
voy, te estoy viendo y escuchando, te asisto

con mi respiración... Quiero comprender
lo que te duele tanto..., tal vez no me di
tiempo antes de escucharte amorosamente,
y eres lo más genuino que me está pasando
y ahora estoy aquí para escucharte.
Solo dime si puedo hacer algo más por ti;
tal vez puedas decirme qué necesitas
para estar mejor; si no, simplemente estoy
para acompañarte...".
Así que le llevo aire y estoy presente,
y dejo que si quiere moverse o cambiar
de forma o color, si incomoda de un modo
diferente..., le voy a dar permiso, lo dejo ser.

♦ Observa cómo estás, cómo están tus pies...,
tus manos... Y abre los ojos para tomar
conciencia de cómo te sientes aquí y ahora
respecto de tu dolor.

♦ ¿Cómo fue la experiencia?

4

SANAR EL NIÑO INTERIOR

*Debemos escuchar al niño que fuimos un día
y que existe dentro de nosotros.
Ese niño entiende de instantes mágicos.*

PAULO COELHO

Podría comparar la sensación de mi infancia con la imagen de un agujero sin fondo que jamás se llena, en el que el afecto que me brindaban resultaba insuficiente. Vivía con una sensación de carencia que solo pude satisfacer ese dolor cuando aprendí a contenerme a mí misma.

De niña no existían los celulares, por lo que tenía la costumbre de llegar a casa y preguntarle a mi mamá: *"¿Llamó alguien?"*. Si ella respondía que no, inmediatamente vociferaba en voz alta: *"Nadie me quiere"*.

Este suceso se repetía cada vez que llegaba a casa y constataba no haber recibido llamadas. Hasta que un día, al preguntarle si alguien me había llamado, mi mamá respondió directamente: *"¡No! ¡Nadie te quiere!…"*.

La respuesta me dejó perpleja, como quien recibe un balde de agua fría, e inmediatamente comenzamos a reírnos y a partir de ese momento desdramaticé el recibir o no una llamada.

A veces, nos regodeamos con el drama y, cuando alguien de afuera nos lo "espeja", nos ayuda a tomar conciencia de cómo estamos interpretando los hechos de nuestra vida.

La realidad es que, aunque yo ahora reconozca mi exageración y me resulte gracioso, en ese entonces para mí era un drama que solo el sentido del humor me ayudaba a sobrellevar.

La voracidad afectiva era proporcional a la carencia, y a eso le dediqué una parte de mi vida, a ver cómo llenar mis vacíos.

Después de los 18, la sensación que más se acercaba a la de plenitud era la de "sentirme amada" por mi novio; pero, finalmente, nunca alcanzaba: creaba dependencia, generaba reclamos… Mi carencia era una mochila difícil de llevar, necesitaba que "otro" se hiciera cargo.

En el camino, me encontré con muchos a los que les pasaba lo mismo que a mí y también pude reconocer a otros que, por el contrario, eran especialistas en cargar con la mochila de los demás.

Los primeros, con pobre escucha; los segundos, pura oreja. Unos egocéntricos y otros muy fuera de sí; pero a ambos grupos nos sucedía lo mismo: habíamos perdido nuestro eje. Era eso, ¡estábamos descentrados!

> El centro de mí mismo se ha desplazado, estoy girando como un satélite en torno del otro. A veces, para cubrir sus expectativas; pero, la mayor parte del tiempo, para que cubran las mías. Unos con energía centrípeta; otros, centrífuga. Pero ambos, con la misma motivación: obtener amor.

La clave fue dejar de mirar al otro para empezar a atenderme a mí misma.

Solo cuando pude ver que tenía un vacío de amor y lo habité, le perdí el miedo y encontré paz…, pues estaba conmigo haciéndome compañía. Ya no me sentía sola. Al estar en mi vacío, pude escuchar mi carencia y así, de vez en cuando, la pude satisfacer.

En esos momentos, me sentía plena. Una vez leí que la soledad era la "edad del sol". Esta es una buena definición para describir lo que siento en los momentos en que percibo el calorcito de mi presencia, poniendo luz en lo que me pasa.

Nuestro niño interno es el canal perfecto para conectar con nuestra alma. Él nos brinda creatividad, espontaneidad y alegría de vivir. Todos conservamos un niño dentro de nosotros. Es aquella parte juguetona y espontánea que nos permite amar, crear, disfrutar de la vida; pero, también, es el aspecto más vulnerable y necesitado. Solo al entrar en contacto con nuestro niño interior abrimos camino a la autenticidad.

Muchas veces, nuestro niño tiene heridas
por cicatrizar o necesidades insatisfechas
que arrastramos de nuestra infancia
a nuestro presente.
La herida de soy insuficiente
se abre con cada vínculo significativo,
especialmente con nuestra pareja
o con nuestros hijos.

Sea como fuere, el sufrimiento de nuestro niño interior aún clama por ser atendido y sanado. Lo que quedó pendiente de resolver espera ser cerrado y se hace presente, recreando realidades parecidas al dolor original, especialmente en los vínculos de mayor intimidad.

Un paciente me decía que le dolía que su pareja no lo priorizara; y, cuando pregunté si le resultaba conocida esa sensación, se dio cuenta de que era el mismo dolor que sentía con respecto a sus padres.

Cuando nos enamoramos, aparece la ilusión de sanar dolores de la infancia, que dice *"¡Apareció alguien que me ama y ya no voy a sufrir más!"*. Y, al entrar en intimidad, con el tiempo, el otro me toca justo esa herida que tenía, aún pendiente de cicatrizar.

Otras veces, la expectativa está puesta en los hijos: *"Este hijo me va a hacer feliz, ¡ahora sí que me siento completa!"*. Y así, la herida original se reedita…

No eres tú quien lleva tu herida.
Con tu ego, todo tu ser es una herida
y tú la llevas contigo.
Nadie tiene interés en hacerte daño intencionalmente.
Si cada uno está interesado en salvaguardarse
del dolor de sus propias heridas,
¿quién podría tener la energía para hacerlo?
Pero aun así, sucede… porque estás tan dispuesto
a que se te hiera, esperando simplemente que suceda…
Sé consciente de tu herida.
No la ayudes a crecer, deja que se cure…
Y se curará únicamente cuando vayas a las raíces.
Cuando menos estés en la cabeza,
más se curará la herida.

OSHO
(*The empty Boat*, cap. 10)

Ir a las raíces es aceptar el dolor. Todo lo que hacemos para evitar el contacto con él solo hace que permanezca. No se cura desde el pensar, aunque hay pensamientos que resulten contenedores. Necesitamos conectar con el sentir. No alcanza con un cambio de conciencia (aunque puedes empezar por intelectualizarlo si te tranquiliza); pero…, para trascenderlo, tarde o temprano, tendrás que vivenciarlo.

Al sanar tu herida original, resignificas tu pasado, disfrutas tu presente y transformas tu futuro.

La propuesta de este capítulo es que puedas ser consciente de tu herida para saber qué necesitas sanar.

Ahora bien, tal vez no la reconoces y pienses: *"Mis padres fueron amorosos conmigo, yo no tengo un niño herido"*. Puede que no tengas heridas pendientes que sanar, pero permíteme darte una noticia: todos hemos tenido un niño herido.

Supongamos que nuestros padres hayan podido estar amorosamente presentes y que toda la sabiduría que poseen ellos los hijos la heredamos. Aun así, al experimentar necesidades diferentes de las de ellos, hay un cúmulo de necesidades que nuestros padres, como seres distintos de nosotros, no pudieron satisfacer.

Por más esfuerzo amoroso y contenedor, en algún momento, todos los niños hemos experimentado la carencia, la falta de satisfacción que provoca soledad, abandono.

Todos conocemos muy bien estas emociones. Aparecen cuando nuestros padres no han podido satisfacer una necesidad válida que poseíamos. Ya sea por una limitación externa (estaban ausentes por trabajo o no disponían de recursos materiales) o por una limitación interna (tal vez no pudieron darte como padres lo que no tuvieron como hijos, o porque estaban enfermos, o por educación o cultura).

Observa a tus abuelos. Pregúntale a tus padres cómo han sido tratados. Nuestros padres son un modelo mejorado de nuestros abuelos, y nosotros somos un modelo mejorado de nuestros padres.

Así evoluciona la humanidad. Todos los hijos tienen necesidades que los padres no podrán satisfacer. ¡Y gracias a Dios que es así! Imaginemos cómo sería si nuestros padres pudieran darnos todo lo necesario. No tendríamos interés en buscar algo fuera de nuestros hogares.

Gracias a la "insuficiencia" de nuestros padres, cuando adolescentes, salimos al mundo a buscar nuevos modelos con los cuales identificarnos, a cubrir nuestras carencias. Es así como nos enamoramos y así es como creamos nuestra propia familia.

De nuestros padres tenemos "introyectadas" ciertas actitudes y ciertos hábitos. Algunos nutricios, otros tóxicos. Desaprender estos últimos resulta muy trabajoso. Se logra al tomar conciencia, aumentando y agudizando la observación, para "desautomatizar" (salir del piloto automático) y tomar el volante del auto de nuestra vida.

Lo importante es acompañar este proceso con **agradecimiento** por lo que hubo de agradable (que es lo más fácil de agradecer), como también por lo displacentero, ya que lo que no me fue dado me brinda la posibilidad de aprenderlo por mí misma y de manera que se ajuste mejor a mis deseos.

Todo lo que viví contribuyó, claramente, a que pueda estar hoy escribiendo este libro.

Todo lo que viviste hasta hoy contribuyó, con certeza, a que hoy lo estés leyendo.

¿CÓMO FUE HERIDO NUESTRO NIÑO INTERIOR?

Retomemos la idea inicial: nacemos y vivimos nuestros primeros pasos en un estado de total dependencia. Las personas que nos cuidan todo lo pueden. Ellas nos alimentan, nos permiten ir a jugar, nos prohíben cosas, poseen total poder sobre nosotros. De niños, no somos capaces de verlos como seres limitados: son todopoderosos.

Y por ello a partir de esta mirada: si nuestros padres no logran cubrir una necesidad nuestra, esta realidad aparece acompañada de la idea de que es *porque no me lo merezco; no soy suficiente como para que me atiendan como necesito*.

RENUNCIAR AL IDEAL PARA AMAR LO REAL

El manto de omnipotencia con el que cubrimos a nuestros padres cuando somos niños nos impide poder verlos en su humanidad. Recién entrada la adolescencia, podemos reconocerlos como seres limitados en su capacidad de amor. Entonces, aparece el enojo y, con él, la sensación de "insuficiencia" de nuestros padres.

Mi insuficiencia vira hacia la insuficiencia de ellos, entonces no es que yo no soy suficientemente bueno sino que ustedes son insuficientemente buenos para mí. La única manera de salir del círculo *Yo soy insuficiente-Ellos son insuficientes* es renunciar a los padres ideales que nos hubiera gustado tener y no tuvimos. Observar su humanidad nos posibilita recuperar a los padres reales, a perdonar sus faltas y a valorar lo bueno que hicieron por nosotros.

Ellos fueron responsables de muchas vivencias de nuestra infancia, pero esto no quiere decir que sí o sí sean culpables, pues la "culpa" implica el merecimiento de un castigo, y a esa emoción le dedicaremos unas páginas, más adelante.

Solo se puede llegar al perdón auténtico cuando trascendemos el enojo y acompañamos el dolor que nos causó la falta. Muchos intentan llegar al perdón salteando este paso, y el dolor siempre vuelve a aparecer, reeditado.

Te dieron lo que pudieron o lo que quisieron darte desde su capacidad y sus circunstancias. Solo al reconocer sus limitaciones internas y externas podremos perdonarlos.

Ahora bien, llegado este punto, ya no los culpo a ellos por lo que no me dieron, pero aparece una nueva sensación: la de vacío y/o tristeza. Porque si aún hoy tengo una carencia que continúa doliendo y tiñendo cada una de las relaciones con mis vínculos más íntimos, entonces, ¿será que no hay nada que pueda hacer? Tal vez pienses que lo que necesitas para sanarla proviene del pasado y que, como tal, no hay más remedio, ¡pero no es así!

Como veremos más adelante, en el capítulo sobre el apego, puedes aprender a discriminar tu necesidad de aquello que la puede satisfacer. Esa necesidad aún está pendiente de ser satisfecha y es válida; lo que no debes hacer es seguir esperando a que te la provea otro.

Necesitas estar presente para atender tu herida. Quién si no tú, que la conoces mejor que nadie, para ayudarla a cicatrizar.

Y, en este punto, continúa mi trabajo y comienza el tuyo: ayudarte a que aprendas a asistirte. En primer lugar, reconociendo tu dolor. Luego, haciéndote cargo de él y brindándote tu propio consuelo.

Tu niño interior pudo haber sido herido de muchas maneras. Reflexionamos antes respecto de que, por su alto nivel de dependencia primaria, el niño es sumamente vulnerable al poder que ejercen los adultos. Y, por ello, queda expuesto fácilmente al abuso: sexual, físico o emocional, o a situaciones de vergüenza, ya sea por negligencia, por abandono o maltrato.

El niño herido aparece en la vida adulta, según John Bradshaw, con conductas desadaptativas, como codependencia, disfunciones de la intimidad, desórdenes narcisistas, desconfianza, repetición de situaciones del pasado en el exterior o en el interior de sí mismo, creencias mágicas, adicciones o compulsiones, indisciplina, conductas ofensivas, vacío, apatía o depresión, distorsiones del pensamiento que pueden ser absolutistas, generalistas, o tener pensamiento egocéntrico…

Asegura, además, que el dolor de la infancia reaparece en la vida adulta con conductas infantiles: la persona dice cosas impertinentes, hace otras que no le dan resultado, no puede hacer frente a los problemas de manera adecuada para resolverlos, y tiene vivencias o reacciones que no responden a lo que sucede en el presente. El presente abre una herida antigua, y la persona adulta se comporta como ese niño, respondiendo desde la situación que quedó inconclusa.

Las respuestas son desproporcionadas, pues tienen que ver con algo del pasado que quedó pendiente de ser cerrado más que con lo que sucede en el presente.

Cuando esta herida es hoy reeditada, no puedo esperar a que nuestros padres la atiendan… Pero, si nuestro niño interior llora, ¿quién lo atenderá? Nosotros mismos somos quienes podemos y debemos atenderlo. Podemos decidir tomar las riendas de nuestra vida y ser los protagonistas de nuestro destino.

Esto ayuda a "hacernos cargo de lo que nos pasa", dejar de "echar culpas", y cortar con la repetición y despertar.

EJERCICIO PARA SANAR LAS HERIDAS DE LA INFANCIA

Antes de comprender y perdonar a las personas de crianza hay que validar los sentimientos de ira, resentimiento y tristeza.

Esto es necesario, pues realmente ningún niño
merece el destrato o el maltrato, ni puede
ponerse en el lugar de los padres.

Asumir esto ayuda a validar el dolor,
a expresarlo, y a empezar el proceso
de sanación.
Vamos a realizar un **diálogo interno con
los padres**. Si no tuvieras registro de tus padres
porque no los conociste, puedes hacerlo igual
con el imaginario que tienes sobre ellos
y que te brindaron otros.

Pero ten presente que puedes realizar
estos ejercicios con quienes ejercieron su rol
paternal-maternal de autoridad contigo.
¿Cómo vamos a hacer este diálogo interno?
Tienes dos posibilidades: escribirles una
carta a ellos.

NOTA IMPORTANTE
La carta no es para entregársela
a tus padres. El objetivo es que puedas darte
cuenta de lo que sientes respecto de ellos
y darte permiso de expresarlo de una
manera segura que no pueda dañar,
ni a ellos, ni a ti.

Paso 1: Diálogo interno con los padres
(habla con uno por vez).

→ Realiza los *tips* recomendados antes
de comenzar con el ejercicio.

→ Escribe una carta a tu padre o a tu
madre, permitiéndote expresar todo lo
que sientes, pues es un ejercicio para
validar tu dolor.
Recuerda: no es para entregarles la carta
ni para que les digas de frente todo
lo que sientes. El objetivo es que puedas
sacar lo que tienes dentro y darte permiso
de expresarlo. Date ese permiso para
validar tu dolor.

→ Date tiempo para expresar todo lo que
te haya dolido. Suelta tu ira, tu molestia,
tu resentimiento: solo de esta manera
podrás pasar al perdón.

♦ Luego del diálogo, concluí diciendo:
Lo que más necesité de ti fue.............................
(y completa la frase).

→ Al finalizar el ejercicio, cualquiera haya
sido la opción elegida, registra por escrito
aquello de lo que te diste cuenta:
¿Cómo te sientes después de realizarlo?...

→ Repite los pasos con tu otro padre.
   Puedes hacerlo también con otras personas
   de autoridad que resultaron significativas
   en tu crianza, por ejemplo, un tío, un
   abuelo, un hermano mayor, etcétera.

Paso 2: Ejercicio para perdonar a tus padres
   (haz este ejercicio con un padre por vez).
   → Observa el reclamo que le haces
      a tu padre o madre.
   → Escribe: "lo que yo necesité de ti
      y no tuve fue...".
   → Ahora, revisa la infancia de tu padre
      o madre. Si los tienes con vida,
      pregúntales cómo han sido tratados
      de niños, cómo eran sus padres con ellos;
      si no es así, imagina las carencias
      que han sufrido...
   → Visualiza al niño herido que tu padre
      o madre fue un día... ¿Qué edad tiene?
      ¿Cómo es la expresión de su rostro,
      su mirada, su postura física,
      su vestimenta...?
   → Imagina que frente a ti está tu padre o
      madre adultos con ese niño herido dentro.
      Registra qué sentimientos experimentas
      ahora hacia él o ella y exprésalos diciendo:

"Ahora que veo que también tuviste un niño herido yo siento...".

→ Vuelve a tu reclamo y observa si tu padre o madre tuvo para sí mismo lo que tú necesitabas. ¿Puedes registrar su limitación en su capacidad de amar?...

→ Observa también cómo, si a pesar de sus limitaciones, te dieron más de lo que tuvieron cuando niños...

→ Escribe expresando lo que sientes abiertamente si comprendes que les pasó que él o ella no te dieron lo que necesitabas, y si lo perdonas.

→ Escribe una carta de agradecimiento por lo mejor que te dieron, comenzando por tu vida.

Realiza el mismo trabajo con tu otro padre o madre, y también con alguna otra persona importante en tu crianza además de tus padres, si la hubo. Sigue todos y cada uno de estos pasos para sanar tus vínculos primarios con cada uno de ellos.

Te merecías todo lo que necesitabas. A pesar de que tus padres o las personas que te cuidaban, o las circunstancias, hicieron que no pudieran ser cubiertas, esas necesidades eran válidas y estaban para ser satisfechas.

De niño, no tenía otra opción que depender del otro. Pero ahora soy adulto, y puedo y debo aprender a atenderme a mí mismo. Si no lo hago, me sigo manejando como un niño. Como no le puedo pedir a mis padres, ahora le pido a mi pareja que se haga cargo de mí, o a mis hijos, "que ya son grandes". Antes era con tus padres, ahora es con tus hijos. Otros vivieron pendientes de ayudar a sus padres y fueron niños sobreadaptados, que se comportaban como adultos, ayudando a sus padres; y hoy son adultos que siguen atendiendo a todos menos a sí mismos. ¿Te sientes identificado con esto? ¿Das a todos los que te necesitan y te rodean pero te cuesta pedir? Te has colocado en el lugar de la fortaleza dando pero vives en la carencia al pensar que nadie puede darte lo que necesitas. Este trabajo con tu niño interior te va a ayudar a reparar la sensación de orfandad que quedó congelada. Aceptar a nuestros padres y tomar el amor disponible. A partir de allí abrirte al amor que te rodea, estar receptivo, poder poner límites y fluir en armonía, ¡dando y recibiendo!

Perderle el miedo a la vulnerabilidad
porque dentro tuyo hay un adulto que puede
aprender a discriminar quién puede darte
lo que necesitas y buscar el momento
adecuado; como así también contenerte
en la frustración que hoy,
a diferencia de cuando eras niño,
no es tan terrible, pues ninguna relación
es vital para tu existencia.

Veamos lo que hicimos hasta ahora para sanar el niño interior: Primero reconocemos la herida y luego la validamos: sí, tenías todo el derecho de sentirte mal por lo que sucedió y hoy estás en todo tu derecho de satisfacerlo. Pero, ¿cómo puedo hacerlo cuando el dolor aparece? Soy un adulto lo suficientemente contenedor, ¿me amo cuando menos lo merezco, que es cuando más lo necesito?

De grandes, tratamos a nuestro niño interior exactamente igual que como nos han tratado, conforme al modelo introyectado, pues aprendimos a ser adultos según el modelo que tuvimos.

Cuántas veces nos encontramos repitiendo el modelo de nuestros padres. La herida se abrió en relación con otro y se cierra cuando logramos relacionarnos sanamente. Por eso es tan importante aprender a desarrollar en nosotros un adulto contenedor y amoroso para tratarnos mejor.

En relación con esto, observa y luego responde a esta pregunta: *¿Cómo te tratas a ti mismo cuando te sientes mal?* Simplemente observa si…

- ◈ *¿Te abandonas?*
- ◈ *¿Desconectas con el dolor?*
- ◈ *¿Te distraes para no darte permiso de llorar?*
- ◈ *¿Te brindas una palabra de aliento para levantarte?*
- ◈ *¿Te castigas y criticas duramente?*
- ◈ *¿Te desesperas por no saber cómo ayudarte?*

O, simplemente, no te miras a ti mismo y continúas o-cupándote de los demás…, y allí queda tu niño interior, so-lo, relegado, abandonado y esperando que alguien que lo atienda…

¿Te identificaste con alguna de estas formas? ¿Con varias de ellas?…

La próxima vez que te des cuenta de esto, puedes hacer algo diferente y tratarte con amor. Si en tu vida tuviste cerca un adulto con quien te hayas sentido contenido, tráelo a tu presente, tómalo como modelo para aprender a atenderte a ti mismo con ternura. Si no, procura rodearte de personas que sean así.

EJERCICIO PARA DESARMAR UN PATRÓN INTROYECTADO

1. **Elige** un patrón de comportamiento
   que desees cambiar en ti mismo,
   o si te viste repitiendo un modelo que no
   eliges conscientemente puedes elegir si deseas
   aquel que reconoces que heredaste
   de alguno de tus padres.

2. **Recuerda** una situación en la que se
   haya manifestado, la ocasión en que más
   claramente recuerdes que te sucedió.

3. **Diseña** la situación en una historieta
   en tres actos donde la imagen represente
   lo que pasó antes, durante y después.
   Los tres cuadros de la foto más significativa
   dibújalos para tener claramente los pasos
   en los que ese patrón se repite.

4. **Observa** qué es lo que te gustaría haber
   cambiado en lo que depende de ti
   y reemplaza el o los últimos cuadros
   de tal manera que modifiques la historieta
   tratándote amorosamente.

5. *Observa la nueva historieta y toma conciencia del recurso que utilizaste, para recurrir a él la próxima vez.*

¿Por qué nos cuesta tanto conectarnos con el dolor original?

Es que tenemos la idea de que el dolor va a ser insoportable, que si le damos espacio nos va a quebrar (cosa que no debemos permitir, ya que de hacerlo seríamos vulnerables…) o que se va a apoderar de nosotros. Escapamos de él porque parece que nos fuera a destrozar; sin embargo, si le damos lugar, ¡eso no sucede! Ese es un pensamiento infantil que proviene del estado de vulnerabilidad y dependencia primaria, cuando la fuente principal de amor eran nuestros padres. En ese contexto, aceptar el dolor original resultaba amenazante, capaz de quebrarnos psicológicamente. Así que congelamos el dolor, lo reprimimos, lo negamos para poder mantener el vínculo intacto con nuestros padres.

La naturaleza se encarga de brindarnos mecanismos de defensa capaces de evitar o minimizar entrar en contacto con el dolor, que en el momento de la niñez y hasta la preadolescencia puede resultar insoportable para nuestro psiquismo.

Pero ahora eres adulto, tu psiquismo está formado y ya no dependes de tus padres para crecer. Así que puedes entrar en contacto con tu dolor para aprender a asistirlo.

El vacío no es esa "nada oscura y tétrica" con la que te encontrabas de niño. Ese es un registro antiguo de tu infancia. A esta altura del libro, estás preparado y sabes que, por más que cueste, eres un adulto capaz de registrar lo que te duele y de aprender a sostenerte haciéndote compañía. Y que, al acompañar tu dolor, tendrás una excelente oportunidad para escucharte y comenzar a comprenderte como adulto, asistiéndote a ti mismo. Verás así, que ese "vacío" que tanto te asusta no existe como tal, ya que está ocupado por tu propia presencia.

Cuando habito el vacío, aparece una dulce sensación de paz, producto de mi presencia. Nada temo ya, no hay lugar para ideas fatalistas, para el abandono… Y, si por momentos percibo incomodidad, no desespero ni desisto, pues se trata de reconectar-me, ¡ahora cuento conmigo con mi propia asistencia!

Esta es la buena noticia: ¡Tú eres la única persona que puedes estar incondicionalmente las 24 horas del día contigo misma! ¡Ni tu pareja, ni tus hijos, ni tus amigos pueden estar contigo de ese modo! Tú y solo tú puedes ser incondicional con tu niño interior. ¿Quién mejor para saber qué necesitas y cómo necesitas ser cuidado? Así

que aprender a ser el mejor amigo de uno mismo ¡Vale
la pena! vale cada minuto de ese penar.

Meditando...

Creando presencia me habito,
estoy con lo que hay.
Esa presencia de amor incondicional
de estar en las buenas y en las malas,
de aprender a autocontenerme
me brinda paz.

Al quedarme allí me centro,
vuelvo al eje
y puedo volver a conectar
con la fuente universal de amor
de la que provengo.

Desde allí abro el corazón.
Puedo tomar lo bueno que el presente
tiene para ofrecerme.
Puedo percibir el amor que me rodea.

Los adultos que se hicieron cargo de nosotros
también tenían un niño herido.
Ahora es tiempo de que nuestro adulto
así lo comprenda, y es al adulto que somos
hoy a quien el niño interno debe demandar
ser atendido. ¡Pídele lo que necesitas!

1. Toma las cartas escritas y revisa
   las necesidades que tu niño reclamaba
   a quienes lo cuidaban, y subráyalas.

2. Escribe en un papel cuáles fueron
   las necesidades que tu niño interior tenía
   para pasarlas en limpio.

3. Luego observa cómo está hoy cada una
   esas necesidades y sentimientos...
   ¿Se reiteran en tus vínculos actuales, con
   tu pareja, tus amigos, tus hijos o tus jefes?
   ¿O han sido satisfechas?

4. Préstale tu mano no dominante
   (la que no sueles usar para escribir).

Conviértete en ese niño y anota lo que
necesitas y deseas de ti; expresa cómo
te sientes y cómo necesitas ser tratado.

5. Observa si tú te tratas de esa manera...
Ahora, con tu mano dominante respóndele
a tu niño interior escribiendo en una carta
de compromiso las acciones concretas que
puedas realizar en tu cotidiano, lo que estás
dispuesto a hacer para ti mismo a fin
de responder a cada una de esas necesidades
y deseos en tu presente.

¿De qué pudiste darte cuenta con este ejercicio?… Si
lo deseas, guarda tu carta en un lugar preciado. A partir
de ahora, cuando te necesites, ¡puedes contar contigo!

EJERCICIO PARA RESCATAR
A TU NIÑO DIVINO

Nuestro niño interior nos brinda la
espontaneidad, la iniciativa, la curiosidad,
una mirada optimista, la alegría,
la risa, la creatividad y la capacidad
de amar plenamente.

Entonces, es preciso conectar con este niño
maravilloso y divino que vive en ti.

1. Toma una hoja y divídela en tres columnas.

2. Cierra los ojos y deja que aparezcan en
   tu mente los recuerdos de aquellos momentos
   en que te hayas reído a lo grande,
   los momentos de mayor alegría y placer.
   Deja que, por unos minutos, corra la película
   de los momentos de mayor disfrute
   en tu vida...Y, en la primera columna,
   escribe o dibuja algo que te haga recordarlos.
   Por ejemplo: Ir de picnic para
   mi cumpleaños.

3. Observa qué te hacía tan feliz en cada uno
   de esos momentos. Fíjate qué había en cada
   uno de ellos que te daba felicidad, cuál era
   la cualidad, acción o patrón que reconozcas
   y escribe eso en la segunda columna.
   Por ejemplo: Estar en contacto con la
   naturaleza y rodeado de mis afectos.

4. ¿Cómo puedes, en tu presente, cubrir
   esas necesidades de la segunda columna?
   Agrega eso en la tercera columna.

Por ejemplo: Volver a hacer esos festejos
o hacerlos aunque no sea para mi
cumpleaños. Podría ir a pasear más
seguido al aire libre. Juntarme con
mis amistades en el parque los sábados
a la tarde. Invitar a mi familia a comer
cerca de los árboles.

5. Luego reflexiona: ¿Qué prioridad le estás
dando en tu día a día a cada una de esas
cosas que te hacen bien? Si comienzas
a poner "peros" u observas un freno,
registra cuál es el impedimento.
¿Es externo o interno?
Por ejemplo: Veo el impedimento externo
económico de que no estoy en situación
de invitar y eso lo hacía mi padre cuando
yo era chico. Veo el impedimento interno
de que todos mis amigos viven lejos
y ahí me aparece el impedimento interno
del miedo a que no haya aceptación
de mi convocatoria.

6. Responde por escrito lo que puedo
hacer para superar esto...
Por ejemplo: Ir igual al aire libre, aceptar
mi limitación económica y que cada uno

lleve algo para compartir entre todos,
aceptar que irán los que puedan y, si no,
reprogramamos el encuentro.

7. Ahora es el momento de confeccionar
una lista de permisos. ¿Qué puedes
modificar a partir de ahora para tener
una vida más plena?...

8. Imagina cómo sería tu vida de ahora
a dos años si comienzas hoy a darte todo eso
que plasmaste en la lista de permisos.
Y dibuja una imagen de tu futuro feliz.

¿QUÉ ESTAS ESPERANDO? Vuelve a ser
protagonista de tu vida, toma las riendas y
¡VIVE LA VIDA HOY!

5

SER EL MEJOR AMIGO DE UNO MISMO

*El dolor no está para hacerte sufrir
sino para hacerte más consciente!
Y cuando eres consciente
la desdicha desaparece.*

OSHO

Trabajaremos las emociones desde un lugar fenomenológico, es decir, vamos a describir cómo ocurren, cómo aparece la emoción, cómo se presenta la desarmonía o la sensación displacentera y cuál es el camino natural en el que orgánicamente pueda aparecer una sensación más placentera. Comprender lo que sentimos nos va a ayudar a saber lo que necesitamos… y ese es el puntapié inicial para trascender el malestar.

Cómo pasar de la culpa al perdón, de la tristeza a la alegría. Conocer cómo se despliega una emoción, nos va a ayudar a nosotros mismos a comprender lo que sentimos y a los terapeutas a colaborar con el consultante para que este pueda comprender lo que siente a través de la descripción de su vivencia.

Es importante poner en palabras lo que sentimos. En toda terapia, además de la importancia de que cada persona exprese cómo se siente, es importante también tomar conocimiento cabal de qué representa cada emoción.

Es común la confusión de emociones. Hay quienes dicen sentir "pánico" y cuando se les pide que describan lo que sienten resulta ser una crisis de ansiedad. La exploración descriptiva de la vivencia nos ayuda a descubrir qué es lo que está ocurriendo con claridad y eso tranquiliza.

Recuerdo que alguien una vez me dijo: *"No hay nada que angustie más que la angustia sin nombre"*. Como vimos en el capítulo de aceptación, este es un camino para el cambio, ya que cuando uno acepta una realidad tal como es (entendiendo que algo debo tener que aprender de esta experiencia, escuchando qué está ocurriendo aquí y ahora para encontrar la manera de acompañar y sostener lo que está aconteciendo y lo acepto), el cambio acontece. Recordemos que, paradójicamente, el cambio acontece cuando abandono el intento de modificar el presente y le doy permiso de que sea tal cual es. Así, cuando uno niega el miedo, aparece el pánico; cuando uno niega la tristeza, aparece la depresión. Lo único que logra el camino de la negación es dejar en la oscuridad aquello que está mal en mi vida. Esa emoción displacentera sigue creciendo a pasos agigantados y llega un momento en que sale a la luz. Lo mismo pasa cuando reprimo lo que siento, después del control aparece el descontrol. El camino de la aceptación es darnos cuenta de que la vida no es un lecho de rosas. El dolor es parte de la vida, como dice Dalmiro:[5] *"No solo duele lo que nos pasa sino que hay dolor por lo que somos: mortales y falibles".*

El dolor es parte de la vida y una alerta que requiere nuestra atención.

Nos avisa que hemos salido del camino, que estamos descentrados y algo debemos hacer para repararlo.

Como vimos en el capítulos anteriores, muchas veces no le damos espacio a la escucha de lo que duele, por temor a que duela más y se ponga peor. La propuesta no es darle espacio a lo negativo y quedarnos en la queja o en el enojo, ya que atraería más de lo mismo. No es desde ese lugar en que debemos estar presentes, sino desde la compasión necesaria para acompañar el cambio.

Cuando escuchamos amorosamente lo que necesita ese aspecto que está dolido, podemos buscar los recursos necesarios para repararlo.

Cuando vuelvo a mi eje, me alineo.
Al escuchar los dictados de mi alma,
conozco quién soy y qué deseo.

---

5 Referencia a Dalmiro Bustos, discípulo del padre del Psicodrama, de quien tuve el lujo de que me haga el prólogo.

Al amar lo que soy,
me brindo amor incondicional
y así desarrollo un adulto contenedor.
Al apoyar mi deseo encuentro
la vía propicia para realizar en mí
el camino personal.

AUTOESTIMA: AMAR LO QUE UNO ES

El desarrollo de la autoestima es proporcional al caudal de amor a uno mismo. Etimológicamente, la palabra "autoestima" significa: auto ("sí mismo") y estima ("afecto/ valor"). Cuando hablamos de autoestima nos referimos a cuánto una persona se ama a sí misma. Y el amor es posible reconociendo nuestro propio valor y para ello es primordial conocerse.

Este proceso de conocimiento de uno mismo comienza con la imagen que los demás me devuelven de mí. En un primer momento de nuestra vida, los responsables fueron los padres o las personas de crianza, o quienes cumplieron esa función. Lo que ellos hayan reconocido —y es más probable que valoremos de nosotros— es lo que reconocemos y valoramos de nosotros mismos. Por eso la autoestima depende, en cierta medida, de la imagen que nos devuelven los demás, y mucho más en los primeros años de vida.

La figura del terapeuta influye en la construcción de la autoestima del consultante:

◈ Si el consultante es un niño, es de muchísimo valor, ya que los padres "le han otorgado poder". Por lo que los terapeutas tenemos una gran responsabilidad que solo podremos afrontar si podemos valorar al otro como es, y esa mirada contribuye a su autovaloración y autoimagen.

◈ Si es un adulto quien consulta, por el poder que él nos confiere. Aquí viene bien tener presente que el adulto que consulta trae consigo siempre a su niño interior, así que del conocimiento y el amor a ese niño surgirá la capacidad para restablecer un vínculo que le resulte verdaderamente sanador.

A medida que crecemos, el espejo de nuestra imagen se amplía al campo de los amigos y, en la adolescencia, a los grupos de pertenencia. Comienza aquí el quiebre de la idealización de los adultos, dejan de ser "enormes y omnipotentes". El mito de los padres perfectos culmina, y esto le permite separarse de su manera de pensar y tener criterio propio, por lo que comienzan a observar otras miradas de sí mismos, otros espejos donde mirarse.

Actualmente, esto se produce a temprana edad, ya que el niño "sale de su casa al mundo" por medio de la computadora, de la televisión, y accede a otras realidades. Así comienza a cuestionar, a observar, a adoptar una actitud más crítica que le permite buscar su propio modelo y mirarse a sí mismo desde un lugar más libre de juicio. Dudar de la imagen de sí mismo que le han devuelto los demás, para redescubrir quién es y elegir lo que desea ser.

Cuando la mirada de los padres es muy posesiva o autoritaria, la única manera de tomar distancia es rebelarse. Aparecen comentarios como *"Ustedes no saben nada, yo opino lo contrario"*, y va buscando distintos espejos para ver cómo quiere ser.

Es en la adolescencia donde cuestiono cómo me amaron y me percibieron. Al darme cuenta de que esa percepción es limitada pues proviene de personas con limitaciones, me permito dudar. Y es allí y entonces, en esa duda, donde aparece la oportunidad de reconstruir la imagen de mí mismo, de convertirme en co-creador de mi autoestima, recomponerla o reafirmarla.

Si de adulto me encuentro limitado en mi capacidad de amor, será cuestión de que empiece por tener una mirada amorosa e incondicional conmigo mismo.

De niño puedo valorar lo que soy en la misma medida en que he sido amado. De adulto puedo darme cuenta de que la percepción del otro no nos define. Porque la percepción es subjetiva y parcial. Cada persona espeja aspectos diferentes de nosotros mismos. Siempre es una imagen parcial de lo que somos. Y, algunas veces, la imagen que nos devuelven puede estar distorsionada. Por eso es tan importante ir confiando en nuestra propia percepción, cotejar que sea fiel y veraz en la medida de lo posible y apoyarla.

Muchas veces veo en consulta a niños que los padres traen por considerarlos hiperactivos, cuando en realidad desarrollan un nivel de actividad normal a su edad. A estos niños, los padres, desbordados, les dirigen frecuentemente expresiones como: *"¡¿No puedes quedarte quieto?! ¡Eres imposible!"*. Es la percepción de padres que preferirían tener un hijo que se quede quieto en una silla durante una hora, en vez de que se comporte como un niño de su edad.

El niño, quien está construyendo su autoestima, no registra la limitación en la percepción de los mayores, solo registra la imagen que le devuelven de sí. En este caso, que él es "imposible" para los demás.

Resumiendo, mi autoconocimiento comienza con la imagen que me devuelven los otros de mí mismo, me reconozco en esa información; el otro es el espejo donde me miro y veo qué es lo que valoran de mí. También allí puedo reconocer los aspectos de mí mismo que al otro no le gustan, y es probable que yo también los desvalorice en mí.

Valoro todo lo que ven mis amigos, mi entorno, la gente con quien trabajo, los valores que en la sociedad se destacan, etc., pues son fuentes de amor. Con este "verse en el otro" comienza en paralelo una etapa de redescubrimiento y valoración de mi propia mirada aunque sea diferente de los otros, donde se gesta el proceso de conocer quién soy y qué valoro de mí. Aparece otra opinión sobre mí mismo que es la propia. El desafío es amar cada parte nuestra por el solo hecho de pertenecernos. (Para ello necesito de otro, que puedo ser yo, quien desde mi experiencia te escribo en este libro diciéndote que puedes quererte tal cual eres).

No puedo valorar lo que no conozco. Así que el desarrollo de mi autoestima, en la edad adulta, implica transitar un camino de autoconocimiento, al que le sigue valorar mi propio criterio, aunque a veces difiera de la opinión de los demás.

Cuando me encuentro con una etiqueta que me rotula, ella funciona como una idea congelada en el tiempo. Ejemplo: *"Soy distraída y extrovertida"*. Al creer esto, puedo impedirme explorar la polaridad contraria. Identificarme con ese aspecto no me deja ser "concentrada e introvertida". La identificación con un aspecto de manera tan masiva me impide el movimiento de un polo al otro, lo que me permitiría tener mayor plasticidad de recursos.

Soy un ser en evolución y solo puedo conocer quién soy observando mis actos, mis pensamientos y mis emociones, aquí y ahora. Cuando puedo desprenderme de los juicios previos que tengo acerca de mí mismo, tanto los agradables como los que me avergüenzan, puedo conocer y permitirme otras maneras de ser y estar en el mundo.

En esta exploración que surge del registro interno de mis relaciones con el mundo es donde obtengo un amplio abanico de percepciones acerca de mí mismo. A partir de allí, elijo con cuáles quedarme para construir un nuevo concepto de mí mismo que corresponda más a mi propia percepción de lo que soy, con plena conciencia de que soy más de lo que puedo percibir y que puedo explorar siempre nuevas partes mías y ser más ser, más fiel a mí mismo, más fiel a mi esencia.

Hay veces en que la familia no sostiene, y el niño siente que él no es "querible". Basta solo con una mirada contenedora, para darnos cuenta de que somos merecedores de amor.

Gabriel me contaba lo mucho que disfrutaba ser abrazado por su hijo. Le pregunté entonces si lo habían abrazado de niño, a lo que respondió: *"Mis padres no eran demostrativos de esa manera, pero siempre recuerdo a una tía que cuando me visitaba me abrazaba fuerte y me decía lo lindo que era. ¡En esos momentos yo tenía la sensación de ser muy amado!".*

Gabriel tenía 41 años y el registro interno de lo agradable que le resultaba esa experiencia infantil.

Con tan solo una persona que nos haya permitido la experiencia de ser amados tal como somos, basta para generar un ancla positiva de amor incondicional en tu memoria. Te aporta un sostén que es base y modelo para modificar el vínculo contigo mismo y, a partir de allí, con tu entorno. Eso reivindica el amor en la terapia.

Cada encuentro personal y cada circunstancia nueva me brindan la posibilidad de obtener una percepción diferente, observar lo que hago, lo que siento, lo que pienso y enriquecerme desplegando nuevas potencialidades.

Luego de conocer lo que soy tengo que aceptar lo que conozco de mí y valorarlo.

Pero cuidado: algunos libros de autoayuda estimulan que te mires al espejo y repitas ¡soy perfecta! A la espera de que te lo creas, encubren tu déficit de afecto con una afirmación ilógica, porque "No eres una persona perfecta" y nadie lo es. Cuando puedas mirarte al espejo y decirte *"Te amo tal cual eres a pesar de tus imperfecciones, quiero todo lo que veo, tengo y soy… por ser parte de mí"*, recién allí habrás alcanzado tu verdadera autoestima. Cuando "te agrandas", no valoras lo que realmente eres, sino una imagen idealizada de ti mismo que disfraza a otra que dice: *"¡No eres suficiente, tienes que ser más!"*.

Es muy común escuchar que una persona tiene elevada autoestima porque "fanfarronea", pero ello no deja de ser la expresión de una imagen sobrecompensada.

Siempre que consideres que tu imagen es poco "querible" puedes tentarte de elegir el camino equivocado de menospreciarte o de sobrevalorarte, construyendo así una imagen distorsionada de ti mismo.

El problema de la baja autoestima aparece cuando lo que a mí me gustaría ser discrepa de lo que soy, y cuanta más distancia hay entre lo ideal y lo real, más baja será la autoestima. ¡Es que no puedo quererme porque me gustaría ser muy diferente de lo que soy! Todo lo que necesitamos es amor, y eso es lo que esencialmente queremos conseguir. Pero el contraste entre lo que deseamos idealmente y lo que somos en realidad provoca sufrimiento y nos impide amarnos completamente.

Ese modelo ideal encarna la idea de cómo debería ser yo para obtener más amor. La única manera de recibir el amor capaz de nutrirme como persona comienza por amar-me así, como soy y estoy hoy, aquí y ahora, realmente.

Cuando pienso que llegaré a amarme
siempre y cuando modifique tal o cual cosa,
solo siembro desamor en mi presente
y un amor condicionado en el futuro.

Por ejemplo, *si para amarme necesito bajar dos talles de ropa, o conseguir aquel trabajo, u obtener un título, no me estoy queriendo ahora. Cuando lo logre, estaré amándome solo hasta que aparezca otro requerimiento.*

La idea no es resignarse…, ¡no!; pues venimos a este mundo para evolucionar. ¡Por supuesto que quiero que mejores! Yo también quiero mejorar día a día… Pero si para ello intentas ser lo que no eres, vivirás frustrado y confundido como el cisne entre los patos.

Cuida de tu cuerpo pues es el vehículo de tu alma; cultiva tu personalidad para que te sientas mejor tú mismo y con los que te rodean, cuidando de que sea más fiel a tu esencia. La esencia siempre es buena, pues nace de la unidad, que es puro amor.

¿Qué es más fácil, cambiar lo que soy o modificar el ideal que quiero ser?

Comienza a reconocer lo bueno que hay en ti, para valorar lo que eres aquí y ahora. Adopta una mirada más amorosa hacia ti mismo. Que tu propia aprobación y reconocimiento sea suficiente. Y te pido un paso más: abandona la comparación con el otro.

Cada vez que te comparas, el resultado es sentirte superior o inferior al otro. La comparación, de una u otra manera, siempre te empobrece. Si permaneces fiel a tu esencia no hay necesidad de igualarte a nadie, ni de discriminarte de nada. Pues eres único e irrepetible, aunque todas las almas nacen del mismo Creador y todos los egos pertenecen a la misma humanidad.

"Un joven que se consideraba feo caminaba con su amigo por la calle evitando mirarse en el reflejo que brindan las vidrieras; ni hablar de mirarse al espejo, detestaba hacerlo. Un día, al pasar frente a una joven, esta lo miró interesadamente y le ofreció una sonrisa. Él respondió avergonzado bajando su mirada al piso. Su amigo, haciéndole un comentario halagador por la conquista, le preguntó asombrado por qué no la había devuelto con otra sonrisa o un saludo. La respuesta fue una expresión de enojo: manifestó sentirse burlado por el comentario de su amigo ya que estaba convencido de que la chica lo había mirado solo por casualidad, que jamás una chica podría interesarse por él".

Él no pudo recibir esa mirada amorosa porque no la tenía para sí mismo. Lo que más ansiaba de afuera no lo podía tomar, ¡porque él era el primero que debía aprender a dárselo! Hay mucho amor disponible a nuestro alrededor, pero hasta que no nos asumamos merecedores de amor no nos será posible recibirlo.

En este punto, quisiera compartirles mi experiencia personal. Entre mis 12 a los 14 años de edad, convencida de que tener una personalidad "más atractiva" me iba a garantizar más afecto, fui como un camaleón en los grupos para sentir pertenencia.

Entre mis 15 y los 22, me convencí de que era cuestión de ser más atractiva físicamente, abordé todas las dietas para adelgazar, las que me duraban un suspiro y me provocaban un profundo enojo conmigo misma al no poder cumplirlas.

Hasta que, luego de años de frustrante autoboicot, comprendí que las "resistencias" provenían de aquella parte de mí misma que deseaba ser amada tal cual era. Recién cuando cambié mi ideal de Claudia Schiffer (una modelo rubia y de ojos claros) pude querer la imagen que me devolvía el espejo. Cuando pude aceptar que no siempre iban a quererme "todos", ni tampoco necesitaba que todos me quieran dejé de vivir y a la luz de la duda del amor del otro, pude tolerar la idea del desamor y empecé a cultivar el amor hacia mí misma.

Hoy, después de un tiempo de siembra, cultivo y cuidado del amor a mí misma, me acepto y me amo con mi forma particular de ser. Valoro la sensibilidad que me permite trabajar como psicóloga y artista, la vehemencia para expresarme verbalmente y que me posibilita transmitir —con amor— lo que siento y pienso (como lo estoy haciendo a través de este libro). Es la misma sensibilidad que me impide ser indiferente cuando otros sí pueden hacerlo con su "cara de póker". Aprendí a amar-me con mis defectos, porque son parte de mí.

Al amar-me incondicionalmente y con aceptación de mi ser imperfecto, logré comprender, con mirada amorosa, lo que problematiza mi vida y hace que, en oportunidades, rigidice mi pensar, provocándome exceso de entusiasmo o intolerancia hacia los otros. Observarlo y aceptarlo favorece en mí la toma de conciencia, templa mis emociones y acompaña mis acciones con la tolerancia necesaria.

Gracias al reflejo de los otros (a veces claro y otras oscuro), pude descubrir algo de mi esencia (por espejo o por contraste.

Lo maravilloso de este proceso es "sentirme aceptada por los demás tal como soy". El verdadero milagro es la sintonía y la experiencia del amor verdadero con los demás, amor "del que venimos" y "al que vamos"…

Agradezco que en algún momento de mi camino haya podido animarme y mostrar mi autenticidad; quienes permanecieron a mi lado cultivando una amistad de años me conocen con mis defectos y virtudes. Estoy segura de su amor. Ellos han visto mi metamorfosis, son testigos y parte en el proceso de búsqueda de mi autenticidad. ¡Y a pesar de todo se quedaron conmigo!

Tengo también amigos entrañables que me conocieron ya consolidada (con un ego más a imagen y semejanza de mi ser); ellos también me conocen íntimamente.

Porque, cuando lo que se ama es más que una "personalidad", las personas que te rodean aceptan naturalmente tus "mudanzas".

En el consultorio veo desfilar a muchas personas con miedo a ser ellas mismas por temor a perder el amor del otro. Pues bien, la noticia es que por ese camino nunca sabrás si realmente el otro te quiere porque en ese vínculo el ausente eres tú. Si eliges acomodarte a la medida del otro, te estarás condenando a la carencia de afecto, simplemente porque tú no apareces.

Cuando utilizas una careta, creas un personaje. Es el personaje creado el que logra la atención, **no tú**. Puedes elegir ponerte la máscara para parecer esnob, o extrovertido, o introvertido, o servicial; la que sea útil a los fines de ser aceptado por los otros. Pero la persona detrás del personaje continuará en déficit. Todo el reconocimiento y el amor que obtengas será para el personaje actuado y no para tu verdadero ser. Simplemente porque no lo has mostrado.

Tu Ego tiene encerrado bajo llave a tu Ser auténtico; y, hasta que no dejes de sentir pena y vergüenza de ti mismo, hasta que no te quieras y te animes a mostrarlo, te quedarás con la duda de si realmente alguien puede llegar a quererte. Sí, dije vergüenza, que es la máxima expresión de la baja autoestima.

La palabra "vergüenza", etimológicamente, *"vere-cundere"*, significa que algo que es verdad queda al descubierto.

Si hay un aspecto de mí mismo que no quiero que el otro vea, el primero que lo rechaza soy yo. La mirada del otro puede ser real o imaginaria, puedo estar solo y aún sentir vergüenza al pensar "si alguien me viera…". Un ejemplo: si voy por la calle y veo a una persona que me gusta, me atrae y, en ese instante, tropiezo, es probable que aparezca la vergüenza de que vea mi torpeza. Otro ejemplo: si estoy viendo una película de sexo delante de mis padres, es posible que surja la vergüenza; pero, ¿de qué? ¿De mostrar que a mí también me puede interesar lo que veo o de que yo también tengo una sexualidad?…

Experimentar la vergüenza es sentir algo así como desear desaparecer, "esconder la cabeza" como el avestruz, es pensar y decir: *"Qué pena que tengo que me pasa esto, no quiero que nadie lo sepa o me vea"*. ¿Sabes? Es de gran utilidad develar ese aspecto rechazado.

La persona que casi siempre es vergonzosa manifiesta que hay muchos aspectos de sí misma que rechaza y prefiere que el otro no vea. Entonces, se retrae, se retira de muchas situaciones donde pueda quedar expuesto ese aspecto rechazado, y genera la rigidez capaz de controlar que nada se le escape de las manos y pueda ser visto por los demás.

El antídoto de la vergüenza

Es reconocer ese aspecto y aceptarlo como parte de uno mismo y, a partir de ahí, amarlo para poder ayudarlo a crecer.

Conocerse sin rotularse, abandonar los juicios previos y los estereotipos que tenemos de nosotros mismos. Tener la flexibilidad para aceptar lo que uno es y lo que no es, sin negar ni ocultar aquellos aspectos de mí mismo que no me gustan. El intento es amarme "a pesar de", aprender a querer hasta los aspectos que vivencio como negativos, tan solo por ser parte de mi humanidad.

Pero, ¿cómo puedo ayudar a una parte de mí que desprecio? ¿O que no puedo ver? Yo también soy eso, eso es parte de mí. Con una mirada compasiva y misericordiosa puedo ayudarlo a que trascienda y al hacerlo me ayudo.

Si hay alguna posibilidad de cambio va a ser solo desde este lugar de aceptación. Supongamos que lo que no te gusta de ti es tu egoísmo. Entonces observa tu aspecto egoísta como una parte tuya que necesita tanta atención que no puede pensar en los demás, que solo ve su necesidad, y dile: *"A partir de ahora deja de querer que todos te atiendan porque yo te miro, pídeme a mí, pues nadie puede saber lo que necesitas mejor que yo"*.

El antídoto para la baja autoestima es conocerse, aceptarse y amar lo que uno es. Si primero no lo haces tú, nunca va a alcanzar cuánto te quieran los demás, no les vas a creer que te quieren, vivirás en la sospecha y jamás te será suficiente la aprobación de un otro.

Es importante autovalidarse y rodearse de aquellos que nos valoran tal como somos porque, como somos por dentro, lo somos por afuera.

Observa internamente si te rodeas de personas que desvalorizan algún aspecto de tu vida o te maltratan…; si es así, es que le prestas oído. Y, si les prestas oído, ¿no será que esto sucede debido a que tú también lo crees así? Y si no es así, ¿para qué los escuchas?

Si comienzas a cambiar tu mirada, cambiará la mirada de tu entorno, o bien, como dice Leo Buscaglia, ¡cambiarás de entorno!

El problema básico de autoestima es querer algo que uno no es, y el antídoto es aprender a amarse uno mismo a pesar de todo.

No hay nada más atractivo que encontrarse con un ser auténtico que se ame a sí mismo. ¡¡La autenticidad atrae!! No hay nada que conmueva más a un corazón que otro corazón, ¡no hay nada más mágico que encontrar a alguien conectado consigo mismo!

Cuando dos seres se encuentran desde ese lugar, algo milagroso acontece. La sensación de expansión es maravillosa, se abre la vía ideal para entrar en contacto con la fuente de amor universal.

EJERCICIO PARA LA AUTOESTIMA

1. Realiza en una hoja 3 columnas.

2. En la primera columna, confecciona una lista con las cualidades que admiras en otros y que te gustaría tener o cultivar en ti (aspectos físicos, materiales y de personalidad); cuida que quede una por renglón...

3. En la segunda columna, pon un orden de prioridad. Comenzando en primer lugar por lo que más valoras. Y enuméralos.

4. En la tercera columna, observa cómo están en ti en esos aspectos y otorga un puntaje a cada aspecto del 1 al 10, teniendo en cuenta 10 para valuar tu máximo grado

de satisfacción; 5, a veces o medianamente
satisfecho; y 1 es insatisfecho.

5. Ahora suma el total de los valores pusiste
en la tercera columna y divídelo por el
número total de aspectos. Allí obtienes un
promedio. ¿Cómo está tu ideal?...
Recuerda que cuando el ideal discrepa de lo
real, la autoestima sufre las consecuencias.

6. Subraya los aspectos valorados
con menos puntaje en la tercera columna,
que son las que están pendientes
de satisfacer y contemplar.
¿Cómo te afecta en tu vida?...
¿Qué lugar de prioridad ocupa?...
¿Hay algo que puedas hacer para
modificarlo o tendrás que valorarlo
por ser parte tuya?...

La culpa aparece como un sentimiento con dos componentes: por un lado, la idea (cierta o no) de ser responsable de una situación que causó daño; y, por otro, la creencia de que por eso se merece un castigo.

Tiene varios matices y, en algún punto, se encuentra con la autoestima. Me autocastigo, no puedo perdonarme.

La persona que se "autocastiga" puede manifestarlo de diferentes maneras: desde la tortura mental que le impide tener paz, el boicot a sus relaciones familiares, sociales, laborales, o simplemente enfermarse, pues el sistema inmune deja de defenderse… Es que es "bien merecido" el castigo. El autocastigo puede ser rumiar pensamientos negativos para nosotros mismos, o bien puede manifestarse como enfermedad en nuestro cuerpo para impedir el disfrute.

Habitualmente, quienes sienten culpa, piden perdón con frecuencia, incluso por cosas de las que no son responsables. Suelen tener una sensación de "no merecimiento" de base, llegando a tal punto que a veces no pueden recibir ni elogios, ni regalos, ni "cosas buenas" en la vida.

Veamos este ejemplo: Una amiga me pide un vaso de agua; cuando lo voy a servir, se me resbala de las manos, cae al suelo y se hace trizas… Inmediatamente, mi amiga comienza a pedirme disculpas, "se deshace en perdones", expresando sentirse culpable al máximo. Entonces, le respondo: "¿Qué pasó? ¿Moviste el vaso telepáticamente? ¿Me empujaste para que se me caiga? A lo que responde prediciblemente: ¡No, es que yo te lo pedí y mira lo que pasó! A lo que le pregunto: "¿Y tú podrías haber previsto que esto iba a pasar?".

¿Cómo sería una reacción sana? *"¡Uy, qué lástima que se te cayó!".* ¿Y si se le hubiese caído a ella? Simplemente aceptar unas disculpas a modo de reparación.

En fin, la culpa dice: *"Yo no me puedo perdonar, yo no debería haber cometido falta alguna, yo debería ser perfecta".* En esos casos podemos vislumbrar detrás de la culpa un sentimiento de omnipotencia. ¿Todo lo que ocurre alrededor tuyo es tu responsabilidad?, ¿tanto poder tienes o crees que deberías tener?, ¿todo depende de ti?, ¿qué pasa, no puedes equivocarte?, ¿no puedes cometer una falta?

La exigencia de no poder errar conduce al autocastigo expresado claramente en no perdonarse el error. Por esto, en el fondo —y en la superficie— el culposo suele sentir baja autoestima). ¿Para qué tanta necesidad de perfección?…, ¿te puedes querer en tu humanidad?

La culpa y el resentimiento

Cuando soy responsable de una falta y siento culpa, puede que esa falta sea la expresión de un resentimiento preexistente. Muchas veces, el enojo hacia el otro o hacia una situación pudo no haber sido expresado abiertamente, siendo ese mismo enojo inconsciente "me hace cometer la falta", ya sea por acción o por omisión, como un intento solapado de salir a la luz y de expresarse.

Reflexionemos, entonces, si cabe la posibilidad de que una parte de mí no quería atender la situación, atender a la persona… ¿Había algún dolor o enojo hacia quien cometió la falta? (Puede ser hacia una persona o hacia una situación; a veces pasan cosas en el trabajo: *"Uy, no me di cuenta, arruiné tal cosa, yo que soy tan responsable, me siento culpable, ahora no sé qué hacer"*).

Esto es frecuente que suceda porque la culpa aparece con gente que queremos o apreciamos mucho, con los que no nos permitimos sentir bronca, odio, enojo, abiertamente. Como hay un sentimiento de afecto positivo, me siento mal y quiero reparar.

En la culpa, el enojo, en lugar de dirigirse hacia la otra persona, recae sobre uno. Nos enojamos con nosotros mismos, metemos la agresión adentro, nos enfermamos, nos dañamos de alguna manera.

Cuando reprimo el enojo, este queda pendiente de resolver. Reconocer la culpa nos ayuda a darnos cuenta del resentimiento que quedó pendiente de ser aceptado.

Cuando temo dañar al otro o dañar el vínculo que tengo con él, puedo no darme permiso para enojarme, entonces el enojo vuelve hacia mí en culpa y me auto-castigo. Esta ecuación es muy frecuente en la relación padres-hijos, y viceversa. A veces resulta difícil manifes-tar abiertamente enojo con quien uno ama, por eso es muy fácil caer en la culpa.

A estos dos *momentos* —hacia el otro y hacia mí mis-mo— puede continuarles un gran acto de amor: el per-dón. Reflexionemos, entonces, sobre cómo llegar a ese tercer momento reparador.

Antídotos para la culpa

El Perdón es el antídoto para la culpa. ¿Y qué es per-donar? Es estar en paz después de algo que se dañó. Para perdonar al otro es menester:

1. Trascender el resentimiento: es preciso dar espa-cio al dolor que está detrás del enojo y, si es posi-ble, decirle al otro lo que nos dolió para facilitarle la toma de conciencia. Si precisas, puedes escribir-le una carta aunque no se la entregues para expre-sar tus sentimientos.

2. Desear estar en paz, abandonar la idea de cómo nos hubiese gustado que sucedan las cosas y aceptarlas tal como sucedieron para dejar de rumiar la situación y soltar. No puedes volver el tiempo atrás. Lo que pasó, pasó, y lo único que puedes hacer ahora es tomar conciencia de esa experiencia y capitalizar un aprendizaje para el futuro.

3. Tomar conciencia de cuál fue el daño. En un futuro, ¿harías algo diferente?, ¿podrías capitalizar un aprendizaje?

Un perdón sincero y maduro requiere por parte del que desea ser perdonado:

◈ *Reconocimiento del daño:* Toma de conciencia de la falta cometida, del daño, y como perjudicó.

◈ *Arrepentimiento:* Observando el pasado, quisiera haber actuado diferente.

◈ *Intención de Reparación:* Hay veces en que el daño causado es irreversible; pero la sola intención de reparar lo que nos llevó a ello ayuda a que no vuelva a repetirse en el futuro y crecer con la experiencia. Eso implica el deseo y el compromiso de estar dispuesto a que no se repita.

La posibilidad de retomar el vínculo con lo perdonado va a depender de la posibilidad de reparación, del interés genuino entre las partes luego de lo ocurrido, y que los valores que persiguen las partes se conserve.

¿Cómo llegar a sentir perdón cuando estamos con culpa?

El primer componente para llegar allí es observar en qué condiciones estaba el vínculo con aquello que "dañé" y de lo cual me siento culpable. Indaga profundamente si había un resentimiento pendiente a resolver con ello y que, al no darle espacio, haya aflorado en un acto que lo perjudicó.

El segundo es aceptar nuestra humanidad, es la toma de conciencia de que la perfección no existe, es bajar el nivel de exigencia. ¡Somos humanos y podemos errar! Los errores son el puntapié del aprendizaje. Reconocer el enojo facilita ver lo que duele detrás de él y transitar la tristeza. Validar el enojo. Luego, darte cuenta del dolor que está detrás del enojo para, finalmente, trascenderlo, aceptando la tristeza que está detrás de él.

Es un camino para perdonarme desde la comprensión de lo que me pasa, lo que me permite también el perdón a los demás.

EJERCICIO PARA CUANDO TE SIENTAS CULPABLE

◆ **Elige** una situación en la que te sentiste
   o te sientes culpable. Recréala como si fuese
   una película...

◆ **Observa:** ¿de qué te sentiste responsable?......

   ....

◆ **Reflexiona:**
   → La responsabilidad ¿fue real o imaginaria?
   → ¿Te hubiera sido realmente
      posible evitarlo?
   → ¿Cómo te castigaste por tu responsabilidad
      en la falla?

◆ **Revisa:**
   → ¿Cómo estaba el vínculo con lo dañado
      antes de lo sucedido?
   → ¿Había algún resentimiento vedado en
      el momento en que dañaste?

◆ ¿Reconoces tu humanidad, entendiendo
   que puedes equivocarte?

- *Observa si puedes perdonarte; y, si no puedes hacerlo, observa: ¿qué te lo impide?*

- *¿De qué te diste cuenta con este ejercicio?*

EL MENSAJE DE LA CRÍTICA: CUANDO LA EXIGENCIA SE CONVIERTE EN INTOLERANCIA

Criticar implica tener la capacidad de un razonamiento analítico selectivo y tener seguridad en uno mismo. La crítica es constructiva, según el Dalai Lama, para *"identificar y eliminar ciertos aspectos negativos en nosotros o intensificar los rasgos positivos"*. Pero, si esta habilidad para discriminar es acompañada de arrogancia y soberbia, se convierte en acción destructiva. Así es como podemos hablar de una crítica constructiva y de una crítica destructiva.

La primera surge del Ser, con su amor y servicio al prójimo. La segunda nace del Ego, con su rigidez, intolerancia y necesidad de distinguirse. Nuestra personalidad tiene una idea de lo que es, de cómo desea ser y de cómo quiere que sea lo que lo rodea.

Cuando critico o juzgo algo negativamente, lo rechazo, provocando en ese mismo instante una distancia entre lo criticado y yo mismo.

La crítica se torna destructiva cuando, en vez de ser usada para mejorarme a mí mismo o al entorno, queda a disposición del ego para separarme de ellos y, por lo tanto, de la unidad.

Me siento superior, lo desapruebo como defensa ante aquello que no puedo reconocer de la unidad, en mí mismo.

La crítica puede ser un acto de proyección de aspectos negados de uno mismo. Es claro cuando haces el gesto de señalar, mientras el dedo índice se dirige hacia afuera; los otros tres dedos se dirigen hacia ti. Es muy difícil de ver porque es un mecanismo inconsciente, por ello… ¡te propongo darle luz! Ver los aspectos que me molestan de los otros y percibirlos en mí me ayuda a aceptar que nada de lo humano me es ajeno y que soy parte de la Unidad.

En mi experiencia de años coordinando talleres en los que trabajamos este tema, he descubierto que la crítica aparece con frecuencia como una reacción ante tres sentimientos: el miedo al rechazo, la búsqueda de la perfección y el temor a lo desconocido.

Veremos cómo es esto en cada caso:

◈ *Por miedo al rechazo:* Actúa como autoboicot. Realizo activamente lo que tanto temo que me pase: rechazo lo criticado por miedo a que no se me acepte. Critico con soberbia, resultando antipático. La necesidad de aceptación que subyace a esta actitud defensiva continúa sin ser satisfecha. El antídoto aquí es aceptar que el rechazo es una posibilidad y, en mayor o menor medida, todos somos rechazados en algo o en alguna circunstancia de nuestra vida… Pero que alguien no te elija no quiere decir que no eres querible y como vimos en el capítulo de la autoestima es fundamental tener presente que no es la percepción del otro la que define quién soy.

◈ *Por intolerancia a lo imperfecto:* Lo que rechazo de mí mismo lo proyecto en el afuera en un intento de no ver mi imperfección. Aquí la crítica responde a la facilidad con la que puedo *"ver la paja en el ojo ajeno y no la viga en el propio"*. La búsqueda de perfección corresponde al plano de lo ideal y lo divino, no al plano humano del que formamos parte realmente. Lo Perfecto es enemigo de lo Bueno. Y como humanos somos falibles, medir el valor propio con la medida única de los fracasos desencadena baja autoestima, desvaloración, búsqueda continua de aprobación, culpabilidad y autorrechazo.

◈ *Por rigidez de pensamiento:* Aquí, la crítica resulta de un juicio previo acerca de cómo deberían ser las cosas. En este caso, aparece la crítica como manifestación del miedo a lo desconocido, a lo a que puede ser distinto del plan trazado, o a enfrentarme a aquello con lo que creo que "no puedo". Desde el prejuicio, lo diferente debe ser excluido. Por consiguiente, aparece la rigidez y se puede presentar en todos los planos: familiar, laboral, social, afectivo, etc. Aquí ayuda primero identificar la idea de cómo deberían ser las cosas, y segundo, colocarle un signo de interrogación, dudar de ello. Evitar las generalizaciones y recordar que todas las normas no pueden aplicarse universalmente. Entre el blanco y el negro, existen matices.

La exigencia

Muchas veces la exigencia viene de la mano de una actitud crítica. Reflexionemos sobre esto: ser exigente no es malo ni bueno; una medida de exigencia es necesaria para no caer en la pereza, el abandono, y me sirve para alcanzar logros y superarme.

Cuando soy exigente tengo una idea de cómo deberían ser las cosas y me torno crítico esto puede incentivarme, pero en demasía puede desmotivarme, causar el efecto contrario. Por ello, puedo enojarme con los demás cuando no cubren mis expectativas, enojarme conmigo cuando no alcanzo lo esperado y sentirme culpable por ello.

Esforzarme por estar atento y "tener cuidado" implica hacer con disciplina. Hacer disciplinado significa hacer lo que tengo que hacer, aunque a veces no tenga ganas. Con agrado o desagrado, elijo lo que me propuse más allá de la emoción del momento o del estado de mi mente.

Si te exiges demasiado, la exigencia produce una tensión que puede llevarte al quiebre (de la salud, de una relación, en el trabajo; o al abandono, por la impotencia que genera lo que no es posible alcanzar).

Para salir de esta polaridad *sobreexigencia/abandono*, es necesario cultivar el cuidado. Cuidarme para asumir la justa disciplina que me posibilite el sostén necesario capaz de ver, valorar y tomar lo bueno como base para construir desde allí sin caer en excesos ni estrés.

Éste es uno de los desafíos que se nos presenta en este mundo que tanto aplaude "la acción": estar atentos a no oscilar entre los extremos: abandono-sobreexigencia; hay matices.

En la justa medida entre tensión y relajación, aparece el movimiento.

Cuando escucho prudentemente los dictados de mi ser y actúo en consecuencia, equilibro mi energía, me centro. La relajación posibilita un posterior movimiento. Si no me permito el descanso, sobreviene el cansancio, los músculos se exigen y se entumecen… Entonces, la respuesta al SOS muscular es lo que tanto hubiéramos querido evitar: el agotamiento que impide la acción.

Cuando me observo sobreexigiéndome, me ayuda la idea de pensar que *"Cuando yo hago todo lo que puedo, Dios hace todo lo que falta"*, entonces me relaja ocuparme de lo que puedo y solo de eso. Y cuando me encuentro en un lugar de abandono, para salir de la pereza, recurro al siguiente pensamiento sostenedor: *"No esperes que venga de afuera lo que tú puedes darte"*.

El antídoto de la crítica

Aparece solo cuando logro observar que aquello que tanto critico en el otro es un aspecto negado en mí. Si puedo reconocerlo, es el primer paso hacia mi integración y a mi propia aceptación como persona con defectos y virtudes.

Si me acepto, el otro me acepta y me valora con compasión (la que yo tengo conmigo). Me integro como parte de la humanidad, formo parte del todo. Si asumo una mirada amorosa hacia las diferencias del Ego, entonces solo quedará espacio para el amor compasivo, donde todo lo humano es propio, donde nada de lo que soy es ajeno.

Jugaremos con todo lo que criticas de los otros:
¿Qué tienes para decir? ¿Qué cosas criticas?
¿Qué te molesta de tus padres, de tu pareja,
de tus hijos, de tus amigos, de tu jefe,
de tus compañeros, de la sociedad, del país,
de tu trabajo, del mundo...?

1. Confecciona una lista de las críticas.
   Escríbelas una debajo de la otra, expresadas
   en oración, dejando tres renglones entre
   cada una (Por ejemplo: "Lo que más me
   molesta de Pedro es que grita mucho"...;
   o "Detesto que Juana llegue tarde
   a todos lados...").

2. Ahora, te invito a que te apropies de
   cada una de esas características. Te pido
   que reescribas cada una de las oraciones
   anteriores, respetando el orden que le diste,
   pero ahora en primera persona (volviendo
   al ejemplo de Pedro y Juana, ahora
   escribirás: "Yo grito cuando....". "Yo llego
   tarde cuando..."). Haz esto con todas
   las características que detestas de los otros.

3. Observa en qué medida y en qué momento puedes reconocer esto en ti. Para eso, repasa todas las oraciones que reescribiste sobre ti, leyéndolas en voz alta, registrando si en alguna de ellas no puedes identificarte, entonces, subráyala. Esos aspectos subrayados, que percibes ajenos a ti, estarían en sombra al no reconocerlos en ti.

4. Ahora, observa aquellos atributos en los que sí te encontraste parecido al otro. ¿Qué sientes al darte cuenta de que no eres tan distinto de aquel a quien claramente criticas?

5. Vamos a dar un paso más con ellos. Volviendo al ejemplo de si no reconoces que gritas, ¿cómo llamas a esa persona que grita? ¿Agresiva? ¿Intolerante? ¿Descontrolada? Qué adjetivo calificativo lo describiría mejor y, si ese aspecto no lo ves en ti, ¿cómo es su opuesto? Callada, me trago el enojo, complaciente, sumisa, ¿cuál es para ti el polo opuesto a eso?... Ten en cuenta que no siempre hay una característica exacta y unívoca que corresponda a la opuesta. (Por ejemplo: para una persona, lo opuesto a aburrido puede ser ocupado; para otra,

divertido); así que céntrate en tu propio
opuesto observando: si no eres así,
¿cómo eres?
Trabajar con la polaridad te facilitará
comenzar a reconocerlas en ti y a integrarlas.
Mientras que eso no suceda, te seguirán como
una sombra espejada en el otro. Así que
puedes comenzar haciéndolo con los aspectos
subrayados y continuar luego con los otros.

Estos ejercicios posibilitan la capacidad de integrarnos y desarrollar la compasión.

Cuanto más negado está ese aspecto mío, menos lo voy a reconocer: *"¡Yo jamás tuve esto! ¡Jamás seré así!"*. Cuando lo hago consciente, puedo darme cuenta de que lo que tanto critico del otro y me enoja, es lo mismo que critico y me enoja de mí. ¡Siempre es más fácil verlo en el otro!

Puedes encontrarle el lado positivo y constructivo a tu propia crítica, como método de crecimiento personal.

A partir de ahora, cada vez que señales algo del otro con tu dedo, pregúntate… ¿y por casa cómo andamos? ¿Qué tiene que ver esto conmigo?

EL MENSAJE DEL MIEDO: DEL TEMOR A LA CONFIANZA

Hasta ahora vimos que el miedo a no ser "querible" puede producir vergüenza, celos, que debilita la autoestima y hasta puede llevarnos a la envidia si lo que tenemos es miedo al "logro de algo". Vimos también que el miedo a equivocarnos nos puede llevar a la culpa y/o a la crítica…

Pero ¿qué es el miedo? El miedo es una emoción básica e innata que todos hemos experimentado alguna vez. El miedo en su justa medida es prudencial, nos permite preservarnos como una señal de alarma que nos alerta ante una amenaza que está aconteciendo y así poder retirarnos. (Si, de pronto, el piso donde estoy parado empezara a temblar, se activaría el miedo en mí, entonces el susto me haría salir de aquí en busca de seguridad).

Este es un miedo o susto que vivencio frente a una amenaza clara, real, concreta, presente. La evitación que me permite huir, retirarme de aquello amenazante para preservar mi vida.

Pero también existen miedos que aparecen ante una "amenaza imaginaria", la idea de que *algo horrible podría pasar en el futuro*. En este momento, no hay nada amenazante; pero, cuando mi mente proyecta un futuro catastrófico y comienzo a sentir miedo, ese miedo es imaginario, pues no temo lo que ocurre sino algo que imagino que podría acontecer.

Puede ser patológico cuando la reacción es exagerada o la idea que proyecto, de lo que podría suceder, es desproporcional a la amenaza real. Hay miedos subjetivos; porque no todo el mundo tiene miedo a lo mismo. Cuando, lejos de ayudarme a anticipar una situación de peligro y tomar recaudos para cuidarme, es un ruido mental que me atormenta o me paraliza, y me impide vivir el presente.

Si el miedo surge a partir de un pensamiento subyacente que dice "¡cuidado!, esto puede pasar!…", ¿qué tiene de positivo esta cuota de miedo? Podría permitirnos tomar una actitud preventiva, cautelosa, que nos brinde tranquilidad y confianza en el actuar. (Si yo sé que hay robos, tendré cuidado y mantendré las puertas cerradas con llave; si me dijeron que hay gente que tira agua por debajo de la puerta para que uno abra, voy a mirar por la mirilla antes de abrir o no abriré si esto sucede; si no tengo mirilla, la voy a instalar).

¿Cuándo el miedo es patológico? Cuando, a pesar de haber tomado los recaudos adecuados, prevalece una sensación de desconfianza a que mis recursos internos sean capaces de enfrentar esa situación, acompañado de desconfianza en el afuera o descreimiento en la providencia, lo cual me lleva a permanecer en un estado de alerta continuo.

Esos miedos subjetivos pueden ser aprendidos, por experiencia propia o ajena. Hay miedos imaginarios compartidos por núcleos familiares o inculcados por tradiciones y son compartidos por grupos sociales.

La expresión *"El que se quema con leche ve una vaca y llora"* nos remite al dolor aprendido por experiencia propia. También por hacer propia la experiencia de otros. El ejemplo de un adolescente que nunca se enamoró y expresa tener miedo de sufrir en una relación sin haberlo experimentado personalmente, lo hace a partir de lo vivenciado por sus padres: *"Los vi sufrir a ellos cuando se separaron, yo no quiero pasar por esa experiencia"*. También ocurre que los padres transmiten sus propios miedos a los hijos, aunque no se lo propongan; ellos perciben lo que a los padres les resulta amenazante o poco confiable. Aquí aplica el refrán que dice: *"Un ejemplo vale más que mil palabras"*.

Se cree que la contracara del miedo es el coraje, pero es la confianza. La persona miedosa es desconfiada: cuanto más confianza, menos miedo. No es el caso de los temerarios ni del kamikaze, estos no hacen ninguna prevención, sino que poseen poca o nula valoración de la propia vida y un sentimiento de omnipotencia que niega el miedo.

También podemos experimentar miedo a perder algo que consideramos valioso, miedo a la enfermedad, a la pobreza, a la pérdida de los seres queridos. Cuando hay sobrevaloración de un bien, sea salud, bienes materiales, afectos, etc., el miedo a perderlos aumenta considerablemente.

Un recurso básico para empezar a trascender es preguntarme: *¿Qué es lo peor que me podría pasar?*

Y recordando que el miedo aparece con el mecanismo de retirada, indagar: *¿Con qué cosas, situaciones, personas quiero evitar entrar en contacto?* La gente con miedo se va retirando de muchas cosas, ve peligros en numerosas situaciones o en gran número de personas. Es muy desconfiada, cuanto más miedo tiene, más se retrae en su vida, pudiendo provocarse situaciones de fobia, o de paranoia, o de pánico.

El paranoico es una persona que vive con desconfianza, pues el mundo es muy amenazante para él. Es una persona muy difícil de tratar en consulta, porque el terapeuta forma parte de ese mundo que tanto evita. Y, tarde o temprano, se puede tornar amenazante para él.

En otros casos, puede caer en fobias, que es un miedo a algo en particular: una situación, un animal, una persona, un lugar. Encontramos allí, por ejemplo, la claustrofobia —miedo a los lugares cerrados—, la aracnofobia —miedo a las arañas—, etc.

En la fobia, la persona proyecta en algún objeto o situación algo que le es propio, para poder huir de eso. Le resulta tan amenazante tenerlo dentro de sí que por eso lo rechaza y lo deposita en algo de afuera. De esta manera, siente que eso no es parte de él mismo y puede huir de él. Como son mecanismos inconscientes, difícilmente tomemos conciencia de que esto es lo que ocurre internamente.

¿Cómo trascender la fobia? El primer paso es observar, discriminar a qué le tienes miedo y qué aspecto rechazas de aquello a que temes. El segundo paso es reconocer ese aspecto en ti, si está claro o está en sombras (porque, tal vez, no puedas reconocerlo en ti...). Este reconocimiento abre el camino hacia tu integración, a completarte como persona. Finalmente, explorar la bondad que hay en eso que tanto temes. Esto te brindará la oportunidad de desarrollar y experimentar la compasión.

Cuando no puedo huir de lo que temo y confronto con ello, puedo caer en el terror o el pánico.

El pánico es miedo a sentir miedo. Muchas veces, la persona ni siquiera puede reconocer a qué le siente miedo y lo único que capta son las sensaciones neurovegetativas: sudor en las manos, boca seca, sensación de ahogo, palpitaciones, necesidad de quedarse quieto o paralizarse y no poder avanzar. Es tanto el miedo que tiene a sentir miedo, que a veces aparece como temor a la muerte. El pánico surge como una manifestación de evitación del miedo. No le doy entrada al miedo, por eso el miedo se impone para ser escuchado.

Tenía un paciente que se estaba por casar y llegó al consultorio con ataque de pánico. Cuando pregunté desde cuando tenía crisis, me comunicó que fue desde que comenzaron con los preparativos de la boda. Él manifestaba no tener miedo de casarse, que estaba seguro de su decisión, que la amaba, etc. Hicimos un ejercicio para darle permiso a que el miedo oculto se expresara y allí manifestó que le temía al miedo que creía iba a experimentar cuando estuviera parado en el altar frente a numerosas personas: y al darle espacio apareció claramente que a lo que temía era a la exposición, que era preexistente en él; nunca había festejado su cumpleaños porque no le gustaba ser el centro de atención y eso era a lo que tanto le temía de casarse, la fiesta, la iglesia, etc.

Otra persona, que era contador, tenía ataques de pánico, siempre en el lugar de trabajo. No sabía a qué se debía. Le propuse recordar y registrar los pensamientos anteriores a la crisis. Así, pudo darse cuenta de que le sucedían siempre que se ponía en contacto con los libros contables. Ahondamos en qué le pasaba con eso. Y se dio cuenta de que aparecía el pensamiento de que podía tener un problema legal por el mal manejo financiero que tenía la empresa, y no quería ser responsable de eso; seguir adelante allí le causaba miedo, pero él elegía no escuchar este miedo para no renunciar. De esa manera, el miedo lo paralizaba presentándose en forma de pánico. En la terapia, cuando le empezó a dar espacio a su miedo y a escuchar lo que tanto temía, pudo hacer las cosas necesarias para preservarse y no entro más en pánico.

Esta es la manera en que trabajamos con las emociones: les damos un espacio amoroso y cuidado para que se manifiesten, a fin de ayudarlas y acompañarlas, porque son parte de cada uno de nosotros. Así podremos asistirnos interiormente. Abandonar la queja, los *"¿Por qué me siento así?, ¡No quiero sentirme así!"*… Si te quedas con esto, verás que no alcanza… La propuesta es observar qué me ocurre, cómo me ocurre, cuándo me ocurre, para qué… ¿Qué quiero evitar al huir de esto? Si ejercitas esto, verás cuánto más integrado estarás.

El antídoto del miedo

Resumimos: en el miedo, hay un aspecto positivo que quiere cuidarnos, preservarnos. Si lo escuchamos, sabremos cómo acompañarnos, con qué recursos contamos para cultivar la confianza y protegernos.

El pánico se supera al darnos permiso de sentir miedo. Se requiere coraje para animarse a sentir miedo y poder así perderle el miedo al miedo. (¡Y no es un trabalenguas!).

Es que ser valiente implica avanzar a pesar del miedo. Y la valentía es el antídoto del pánico. Este valor solo puede desarrollarse cuando confío en mis propios recursos internos, en que yo puedo.

Y cuando mis miedos son en relación a lo que pueda sucederle a los demás y no hay nada que yo pueda hacer más que rezar, lo que voy a necesitar es confiar en la providencia divina. Esto es tener presente que ninguna difícil prueba aparece si no es para promover un aprendizaje. ¿Cómo es esto de la providencia divina? Las personas que creen que las cosas pasan por algo, que hay una ley natural en el Universo, que todo tiene una razón de ser, suelen tener pensamientos más constructivos y sostenedores; por ende, sienten menos miedo.

La propuesta es escuchar al aspecto miedoso para ayudarlo. Es creencia común pensar que, si nos permitimos escuchar al miedo, este nos va a paralizar o a limitar. Ya vimos que, por el contrario, esto sucede cuando nos esforzamos por no sentir miedo y lo negamos. Así, el miedo generará situaciones y sensaciones cada vez más exageradas con el propósito de ser oído, tanto como se calmará cuando experimente ser escuchado con respeto. El aspecto miedoso no es feliz sintiéndose así, pero no puede evitarlo.

Entonces, te invito a trabajar en esto: en primer lugar, intentarás validar tu miedo reconociendo que está y escuchando qué tiene para decirte. Desde el reconocimiento de su necesidad, lo segundo será acompañarlo, brindándole lo que necesita. Naturalmente, sobrevendrá el tercer momento de este proceso, escucharlo para ver qué necesita y sentirse acompañado. Así lograrás trascenderlo.

EJERCICIO PARA EL MIEDO

Vas a tomar una hoja en blanco y dividirla por la mitad.

1. Ahora te pido que te permitas explorar tus miedos. Recuerda, ¿cuándo apareció en tu vida ese aspecto miedoso? ¿En qué momentos reaparece? ¿Cómo se modifica tu cuerpo y tu mente cuando lo sentís? ¿Actúa como una persona de tu edad o parece de otra edad?

2. En una parte de la hoja que quedó dividida, vas a dibujarte a ti mismo con ese aspecto miedoso, como si fueras una caricatura (no importa si sabes dibujar, solo para tener un registro). Fíjate de exagerar la postura física, la expresión del rostro. Luego agrega

globitos de pensamientos y de lo que dices
en esos momentos.

3. ¿Cómo te sientes respecto de observar el
aspecto miedoso? ¿Sientes ganas de acercarte
o de alejarte? ¿Qué desearías hacer con él?
"Cuando yo te veo con miedo siento...,
y me dan ganas de...".

4. Ahora, imagina que eres la caricatura
del aspecto miedoso ¿Qué sientes cuando
la parte que te observa, desea lo que escribió
respecto de ti?... ¿Cuáles son las emociones
que vivencias? ¿Te sientes rechazado,
aceptado, acompañado, solo?...
Te propongo que le prestes tu mano no
dominante a ese aspecto miedoso para que
él pueda escribir lo que sientes: "Cuando
me tratas así, yo me siento...". Y luego deja
que te exprese cómo precisa ser acompañado:
"Lo que más me ayudaría cuando tengo
miedo es que tú...".

5. Luego lee lo que tu aspecto miedoso escribió
recién. ¿Te das cuenta de lo que pasa con ese
aspecto tuyo cuando lo tratas de ese modo?

¿Cómo te sientes al darte cuenta de ello?...
Observa si algo te impide aceptarlo...

6. Ahora te propongo que dibujes en la otra
   mitad de la hoja una caricatura de ti mismo
   en los momentos en que te sientes
   valiente y confiado.

7. Luego de dibujarlo, imagina que ese aspecto
   confiado y valiente es el que puede ayudar
   a la parte miedosa y tú te dispones a darle
   pensamientos sostenedores. ¿Qué le dirías?
   Escríbelos en la misma hoja del valiente para
   dar respuesta a cada globito del dibujo
   del miedo. Dale un pensamiento sostenedor
   a cada pensamiento miedoso...

8. Completa las respuestas a lassiguientes
   preguntas en la misma hoja que dibujaste
   (si es que aún no lo pusiste).
   → ¿Qué es lo peor que podría pasar
     si aquello tan amenazante sucediera?...
     ¿Qué perderías?
   → ¿La amenaza que percibes
     ¿es real o imaginaria?
   → ¿Hay algo que esté a tu alcance,
     que puedas hacer para prevenir esto?

Si es así, ¿qué es? ¿Y qué puedes hacer
para sentirte mejor?
→ ¿Qué palabra es la que más precisas
escuchar cuando sientes miedo?
→ ¿Cuál recurso interno te ayudaría
poder fortalecer o desarrollar
para sentirte mejor?

9. Reflexiona:

El aspecto miedoso es un aspecto infantil
al que debemos ayudar para que desarrolle
sus capacidades potenciales. No puede solo,
necesita que se lo asista recordándole
los recursos con los que cuenta.
Necesita compañía en las situaciones
que le causan temor para lograr confianza
en que puede avanzar y no ser rechazado
por ser miedoso. En el miedo al rechazo,
por ejemplo, a pesar de que la posibilidad
de ser rechazado existe, sentirse acompañado
le permite pensar que, si eso sucede,
si es rechazado, yo no lo voy a abandonar
ni voy a avergonzarme por ello, ya que
lo acepto porque lo quiero tal como es,
porque es parte mía.
El aspecto miedoso diría entonces,
por ejemplo: "Necesito que me ayudes

brindándome confianza, recordándome
lo bueno que tengo, que no me fuerces
ni me grites porque tengo miedo, que me
acompañes hasta donde yo pueda avanzar
y me sienta seguro; y, si necesito retroceder,
que me acompañes también sin retarme
ni humillarme, y que no decidas
por mí sin consultarme".
Acompañar al miedo aceptando sus defectos
y valorando sus virtudes ayuda a desarrollar
la autoconfianza y el coraje necesarios
para atravesar con tranquilidad las mismas
situaciones que antes lo atemorizaban.

10. Observa si tienes ganas de aceptarlo
    y acompañarlo a pesar de sentir miedo.
    De estar dispuesto, con tu mano
    dominante, escríbele a tu aspecto miedoso,
    comprometiéndote a acompañarlo;
    exprésale si estás dispuesto a cambiar
    en relación con él a partir de ahora,
    detalla cómo lo vas a ayudar a partir
    de ahora cada vez que él aparezca para
    darle el valor y la confianza que necesita.
    "La próxima vez que aparezcas,
    yo me comprometo a...".

EL MENSAJE DE LOS CELOS: LA SEGURIDAD INTERIOR

Los celos son una emoción que nace por el miedo a perder el afecto de alguien por la aparición de un tercero. El tercero puede ser real o imaginario. No necesariamente es una persona, puede ser una situación o un objeto.

Por ejemplo, podemos celar el cuidado que se le da a un auto, el interés que alguien que nos interesa pone en el trabajo o el tiempo que le dedica a estar conectado en la computadora. Tengo un paciente que tiene celos del entusiasmo que la mujer pone en su estudio, y su mujer está celosa de la pasión que él muestra cuando está viendo un partido de fútbol.

En los celos, hay siempre una sensación que aparece a partir de la idea de perder, de ser desplazado por algo o por alguien. Se siente a edad temprana en relación con los pares. Los celos entre hermanos se dan porque hay muchas cosas en común, principalmente, los padres.

El miedo a perder el bien que uno tiene, el amor del otro, un trabajo, una amistad… puede tener raíz en la confusión entre amar y necesitar.

En la necesidad hay deseo de posesión. El miedo a perder desaparece al aceptar que el otro es un sujeto, no un objeto y, como tal, no nos pertenece, que solo compartimos un "nosotros" y que ese "nosotros" es único en el mundo, tanto como cada uno de nosotros es irrepetible.

Este miedo a la pérdida está relacionado con la inseguridad, por ende, puede ser indicador de crisis en relación con lo amado o indicador de baja autoestima, de la sensación de no ser suficiente para el otro. El que cela se siente inseguro del amor del otro o duda de ser digno de ser amado por él.

Las reacciones celosas son variadas y dependen de cómo es cada persona. Pueden ir desde comportamientos de búsqueda de control y posesión hasta manifestaciones de insensibilidad. Puede suceder también que las personas celosas expresen: *Yo no siento celos*; en realidad, lo que hacen es anestesiar inmediatamente lo que sienten, para no sentirlo.

En un seminario que hice con Norberto Levy, recuerdo que él decía que los celos pueden ser normales o patológicos, dependiendo del estímulo detonante y de la reacción que se tenga. En relación con el estímulo, el celo es normal si es que existe la posibilidad real de la pérdida; cuando la posibilidad de una pérdida es imaginaria, mera fantasía, no existe tal amenaza, por lo que los celos son patológicos. Por otro lado, la reacción es patológica cuando es desmedida o desproporcionada. Es el caso de quienes, por ejemplo, necesitan pruebas constantes del cariño del otro, demandan gran atención y son muy sensibles al rechazo.

El antídoto es la confianza

Si estás celando algo en este momento, y es indicador de que la relación no está bien, confía en que nada real puede ser amenazado, trabaja en tu autoestima. ¡Confía! No hay nada que otro pueda hacer para darte confianza. Dicha confianza la debes cultivar en ti mismo. Eres merecedor de amor.

Te invito a releer el capítulo sobre el desapego y a que realices el siguiente ejercicio para trascender esta emoción que nos daña. Cuando logres valorarte, el amor y el encuentro sucederán. No lo lograrás forzándolo con fantasías. Los celos tienen raíz en una inseguridad interna; por este motivo, la falta de confianza propia no puede brindártela otro. Es una confianza que debe ser desarrollada por ti mismo.

Observa tu parte insegura y date espacio para ver qué es lo que necesitas para confiar y amarte como eres, único e irreemplazable.

Recuerda que lo que nos posibilita vivir, lo que necesitamos vitalmente es amor. El primero en brindártelo eres tú mismo. Solo así resultará el verdadero encuentro con aquellas personas con quien compartirlo, porque te aman.

EJERCICIO PARA CUANDO SIENTES CELOS

- **Registra** qué es lo que despertó tus celos, qué los produjo...

- **Discrimina** si el estímulo es real o imaginario...

- **Identifica:**
  ¿Qué características tiene el tercero
  que a mí me provoca celos?
  Piensa: ¿Qué atributo/s suyo/s pueden
  resultarle atractivos a quien temo perder?...
  → ¿Cómo está esa característica o cualidad
     en ti o contigo? Observa si esta cualidad
     se encuentra desvalorizada, poco
     desarrollada, o ausente en ti....
  → Observa tu respuesta: ¿Valora lo que eres,
     cómo eres?¿Reconoces tu suficiencia?....

→ *¿Qué podrías hacer para fortalecer*
tu autoestima?... ¿Hay algo que reparar?

EL MENSAJE DE LA ENVIDIA: HACIA LA REALIZACIÓN PERSONAL

Etimológicamente, la palabra "envidia" viene de en-videre, que significa "mirada atravesada". Aparece cuando duele ver algo bueno en el otro.

En el decir popular, se habla de "envidia buena" y "envidia mala", aunque la envidia siempre es displacentera, y lo que llaman envidia buena es lo que llamamos admiración. Aparece cuando deseo algo del otro que yo no poseo y quiero poseer. Entonces, me quedo mirando fascinado y pienso cuánto me gustaría tenerlo.

Aquí el antídoto es observar qué es lo que admiro y registrar qué es lo que imagino que me pasaría a mí si tuviera eso. Para poder rescatar el valor oculto detrás del logro o del objeto admirado o envidiado, yo puedo indagar para darme cuenta de qué necesidad en mí está pendiente de ser satisfecha. (Puede ser un trabajo que me daría seguridad económica, o reconocimiento, o pertenencia, o estatus…, etc.).

Algunas veces, con la indagación, surge que lo que se envidia es ver al otro contento y feliz, porque no estoy feliz y focalizo en querer algo que el otro posee un objeto, una circunstancia o una relación. Cuando, en realidad, lo que está envidiando es un estado que el otro siente (que puede ser poseer seguridad económica, reconocimiento, alegría, amor, etc.). Quizás, aun teniendo eso que el otro posee, no estarías feliz…

Esto es algo en lo cual te propongo reflexionar para que reconozcas si obtener "aquello que envidio" podría darme felicidad o se trata solo de una idea.

De la admiración a la envidia hay un paso. Si no hago nada para cultivar en mí lo que tanto admiro en el otro, la admiración resultará un suelo propicio para que germine la envidia. Es una emoción que aparece cuando no soporto ver algo bueno que tiene el otro, porque yo lo deseo tanto para mí y no lo puedo tener.

Ver el bien deseado en el otro me conecta con una carencia, me duele tanto que preferiría que el otro no la tenga. Puede producirse frente a los logros del otro, a sus valores, a un objeto, etc. No se puede envidiar algo que uno no ve.

La envidia tiene aspectos en común con los celos y, como ellos, generalmente nace en la infancia en relación con los pares: hermanos, primos, compañeros de escuela. Tal vez puedas recordar alguna escena de la infancia en la que alguno le robó o rompió algo a otro tan solo porque lo quería para sí y no aceptaba ver que el otro lo disfrutara. Al romper o hacer desaparecer el objeto, la carencia es de los dos, y eso duele menos.

Para quitarle el halo dramático a la envidia, recuerda que es algo tan innato que lo hemos experimentado en la infancia (hasta lo podemos observar en un gato o un perro). Esta es una de las emociones que peor "prensa" tiene, por su efecto destructivo y, por ende, la que más cuesta asumir. La madre le puede preguntar al pequeño, *"¿Por qué lo rompiste?"*. Y él simplemente responder: *"Si yo no lo tengo, él tampoco"*.

¿Qué sucede en la envidia? Duele ver algo que yo deseo, me quedo apegado a ese dolor, creo que yo no puedo obtener eso y entonces surge el grito interno doloroso y negativo: *"¡Como yo no lo tengo tampoco quiero que lo tengas tú, no lo puedo ver!"*.

Que mi vecino tenga un auto nuevo no lo puedo aceptar, no quisiera que lo tenga…, porque me recuerda que yo no puedo tener uno. Una paciente, contenta con su matrimonio, contaba cómo, en un grupo de amigas que están todas divorciadas, la dejaron de lado; y una de ellas le explicó, luego de su insistencia por saber, por qué no la invitaban más a participar de sus encuentros: *"Estás en otro estado…, no nos sentimos cómodas con tu presencia…No eres tú…, es tu estado… Te vemos y recordamos lo que no pudimos mantener…; es una lástima pero preferimos reunirnos sin ti"*. Otro paciente me contaba cómo le dolía que su mejor amigo no se pudiera alegrar de sus logros laborales; cada vez que él quería compartir su alegría por un éxito profesional, su amigo se amargaba y le preguntaba: *"¡¿Cómo hiciste?!"*.

No es que su amigo no lo quiera o no sea su amigo. Simplemente, los logros laborales del otro lo conectaba con su frustración laboral y con su incapacidad de resolver su situación para mejorarla. Lo primero que aparece en el foco de su percepción es el interrogante de "¿cómo lo logró?". Así actúa la envidia y lo que la diferencia de la admiración es el deseo de eliminar el bien del otro.

Lamentablemente, es común ver en la sociedad en la que vivimos que el bien del otro despierta sentimientos disímiles y exacerbados, que van desde la admiración hasta el desprecio, acompañados a veces con actos de vandalismo, fomentados por condiciones de desigualdad socioeconómica y por altos niveles de ambición y competitividad.

La agresión que acompaña a la envidia es proporcional a la pobre tolerancia a la frustración y a la percepción de "carencia de recursos" para concretar sus anhelos. Así es la envidia: no puedo verlo, no tolero verlo, miro para otro lado, o destruyo lo que no tengo. Este último recurso equivocado se presenta en aquellas situaciones donde la carencia es muy grande, y los impedimentos internos o los recursos de autorrealización, muy pobres.

El antídoto para la envidia

Seguramente lo que me ayudará primero es reconocer en qué aspecto me siento poco realizado. Para ello, la propuesta es dejar de tener la mirada posada en el otro, para empezar a mirarme a mí. Así podré trascender esta emoción displacentera y servirme de ella como estímulo para mi autorrealización.

Necesito identificar el valor que estoy persiguiendo en el bien que veo en el otro, para luego ver cómo alcanzarlo en mi vida. Reconociendo qué valor añoro, proyecto cómo me sentiría poseyéndolo, y así podré darme cuenta de qué es lo que verdaderamente necesito.

¿Qué es aquello que anhelo en mi vida? ¿Cómo puedo hacer yo para alcanzarlo? Empezar a ver cómo hizo el otro para obtenerlo, observar cómo hacen los demás y, a partir de allí, ver cuáles son mis recursos para poder lograrlo.

Te invito a reflexionar también sobre estos pensamientos que pueden resultar muy sostenedores:

Discriminar el Ser del Tener

Esto podrás alcanzarlo focalizando tu mirada en lo que hay (no en la carencia). Aquello que "envidio", ya sea algo material, o una virtud, o un estado, exige de mí una mirada capaz de descubrir en ello, su esencia, para indagar luego si verdaderamente "vale la pena", si podría ser para mí; y trabajar luego en las posibilidades que poseo para lograr obtener algo similar.

Se trata de asumir y conectar con mi esencia divina, la que me llevará a asumir con responsabilidad y alegría un proyecto de vida que aporte a la sociedad y me permita realizarme como persona. De esta manera, no hay lugar para la envidia.

Tú no eres accidental:
la existencia te necesita.
Sin ti faltará algo
que nadie puede reemplazar.
Todo el universo sentirá
que hay un pequeño lugar vacío
que nadie puede llenar
excepto tú.
Esto te proporciona un tremendo gozo,
la plenitud de que estás relacionado
con la existencia y que esta te cuida.

EJERCICIO PARA PASAR DE LA ENVIDIA A LA AUTORREALIZACIÓN

- ◆ **Observa:**
  - → ¿Qué bien percibes en otros y que te gustaría para ti?...
  - → ¿Qué te impidió tener lo que el otro tiene?...
  - → Y ¿qué te lo impide ahora? ¿Hay alguna limitación interna ?....
  - → ¿Qué podrías hacer para superar esas limitaciones?...

- ◆ **Imagina** por un momento que obtienes aquello que envidias. Experimenta la sensación de poseer algo similar.
  - → ¿Qué sientes que te brinda? ¿Qué necesidad te cubre?...

- **Discrimina** la necesidad o deseo de lo que crees que tendrías que tener para satisfacerlo. (Por ejemplo: llegar a ser jefe para cubrir una necesidad de reconocimiento, o tener mejor ingreso para disfrutar más mi tiempo libre, etc.)... Responde: ¿Para qué deseas eso?, ¿para obtener qué?, ¿para evitar qué? Ejemplo: Disfrutar más la vida.

- **Indaga** entre las personas qué envidias o admiras que hacen ellas para satisfacer esa necesidad, que acabas de mencionar en el punto anterior, cómo la cubren?... Ejemplo: pasean, descansan, etc.

- **Amplía tu mirada y reconoce:** ¿Esa necesidad la sentiste alguna vez satisfecha? Y si lo fue, ¿cómo? Ejemplo: descansando los fines de semana.
  - → ¿Qué piensas que podrías hacer para cubrirla hoy?...
  - → Diseña tu plan de acción y comprométete a ejecutarlo.

¡TOMA LAS RIENDAS DE TU VIDA Y PONTE EN MARCHA!

6

APRENDER A SURFEAR LAS OLAS DE LA VIDA

*Solo existe una necesidad.
Esa necesidad es Amar.
Cuando alguien descubre eso,
es transformado.*

ANTHONY DE MELLO

Del apego a reconocer mi capacidad de amar

La dependencia afectiva es una fase infantil, que luego se supera hasta lograr la independencia. Esto se consigue con el apoyo de bases seguras. Si estas bases han sido inseguras, la dependencia continúa siendo el modo de vincularse con todos los objetos de amor en la edad adulta. La buena noticia es que a esa base segura, ausente en tu infancia, la puedes generar en tu vida, siendo un adulto lo suficientemente contenedor para tu niño interior y eso se aprende.

La dependencia proviene del apego. Nos apegamos a algo que consideramos vital para nuestro presente. En la dependencia primaria, el apego aparece en la relación simbiótica madre-hijo (esto significa que no hay diferenciación entre ellos). De adultos la dependencia aparece la creencia de que el que debe proveerme de lo que necesito es el otro, y la idea inhabilita la capacidad de autonomía, cediendo el poder al otro, o pensando que solo es posible ante la presencia del otro "con él puedo, sin él no". Esto se ve mucho en las primeras relaciones "amorosas": la primera relación de amigos, el primer novio. Relaciones en las que se arman díadas donde no puede entrar un tercero, y el otro no puede faltar.

Cuando se percibe la dificultad de este modo de relacionarse y se quiere hacer un cambio, observamos lo difícil que es poner distancia que ayude a diferenciar el yo del otro sin percibirlo como empobrecedor. En el intento por encontrar la "distancia óptima", hay personas que no encuentran la medida. Algunos suelen vivenciar sensaciones de exagerado apego y "se funden con el otro". Otros, por el contrario, "son devorados" por los demás. Hay también quienes se aíslan para preservar su individualidad. Estos últimos, portadores de la bandera de la independencia, viven sin poder establecer lazos profundos; entonces, pasan del pegoteo al aislamiento o, simplemente, se mantienen inaccesibles.

Quienes confunden amor con necesidad le retiran la energía y congelan sus sentimientos por el otro cuando este toma distancia interpretándolo como desamor o que el otro ya no "lo necesita". Como el ejemplo de la madre que vive el casamiento de sus hijos como un abandono: *Los extraño, pero no los llamo porque ya no me necesitan*" (inhibe su iniciativa de contacto y su deseo de proximidad).

Encontrar el punto óptimo de encuentro con el otro es un desafío que todos experimentamos de continuo en mayor o menor medida. La opción saludable al relacionarse es que cada uno mantenga su individualidad y procurar un espacio de encuentro que genere un "nosotros", como una tercera entidad.

En el encuentro óptimo, reconozco que el otro es alguien distinto de mí. Alguien a quien en algún punto conozco y en otro punto es un desconocido; alguien con quien comparto algunos "sentires" y "pensares" y con quien no comparto otros. Alguien con quien puedo entrar en comunión y construir un vínculo que se alimenta del amor sincero compartido en libertad.

Todas las concesiones que hago para la construcción del "nosotros" son un acto de amor por libre elección y sin perder mi identidad. Por eso, cada cosa que cedo es un logro, no una pérdida. Cuando estoy en esta sintonía de amor no hay espacio para la manipulación, pues el amor nace de la libertad y solo puede vivir en ella.

Para comprender cuál es el límite de contacto en el encuentro con el otro, viene muy bien reflexionar aquí la Oración de la Gestalt, proclamada por Fritz que yo adapté en 1991 para expresar desde qué lugar puede surgir un encuentro saludable y genuino.

Yo soy yo.
Tú eres tú.
Yo no estoy en este mundo para cumplir tus expectativas
Tú no estás en este mundo para cumplir las mías.
Tú eres Tú.
Yo soy Yo.
Si nos encontramos
en algún momento o en algún punto
es Hermoso,
si no, no puede remediarse.
Falto de amor a Mí mismo
cuando en el intento de complacerte me traiciono.
Falto de amor a Ti
cuando intento que seas como yo quiero
en vez de aceptarte como realmente eres.
Tú eres Tú y Yo soy Yo.

FRITZ PERLS
(adaptado por Gabriela Murgo)

El Amor solo puede existir en libertad. Cuando quieres a alguien "poniéndole una cadena al cuello", lo atas y te atas. El apego es un estado emocional que siempre genera sufrimiento. Si no consigues aquello a lo que estás apegado, te sientes infeliz…, y si lo consigues, te produce un instante de placer seguido de la preocupación y el temor a perderlo. De ahí, los sentimientos de miedo al abandono, a perder el afecto del otro, a sufrir porque no te quiera más…, o el sentirte atado o asfixiado si te elige… ¿Has experimentado esto alguna vez? ¿Tal vez con tu primer amor?

Recuerdo haberlo experimentado con Hernán, mi primer novio, y él me decía: *"No necesitas de mi sangre para vivir"*… ¡Y yo vivía el vínculo tan vital como eso! No podía estar mejor retratado por Shakespeare en *Romeo y Julieta*. Las canciones románticas y la literatura están plagadas de ejemplos que describen esta vivencia de amor simbiótico, donde el pegoteo es tal que el otro es la media naranja, la otra mitad y por ende *"no puede vivir sin el otro"*. El amor romántico favorece la confusión entre amar y necesitar, amor y apego.

Ahora bien, si como adulto te sientes identificado con esta "manera de amar", la idea no es que te flageles por eso. Pues del dolor solo va a venir más dolor. Recuerda: el camino es la aceptación de lo que sientes y la mirada amorosa que puedas brindarte. Así que la propuesta es la siguiente:

◈ En primer lugar, reconocer la necesidad que cubre en ti estar en contacto con aquello a lo que te apegas. Luego discriminar entre el objeto de tu deseo y el bienestar que te provoca estar en contacto con él. Ya sea una persona, un objeto, un lugar, un trabajo o una circunstancia. A lo que en realidad estás apegado es al bienestar que experimentas al estar en contacto con ello. Observa cómo, al querer poseerlo, la sensación placentera desaparece y da lugar al miedo, a la tristeza, al enojo, etc. Es importarte detenerte en este paso y observar atentamente qué sensaciones te genera. Registra: ¿para qué te apegas en pos de conseguir qué o evitar qué?

◈ En segundo lugar, registrar que tú eres el generador de esa sensación y no el otro. ¿Puedes tomar conciencia de esta capacidad tuya y dimensionarla? Cada vez que te confundas y pienses que el otro te hace sentir de tal o cual manera, decirte a ti mismo: ¡no te lo creeeeeas! La realidad es que Tú eres quien siente eso ante la presencia del otro, porque abriste tu corazón. Y solo podrás abrirlo siempre que te vuelvas sensible y receptivo al amor, o sea, ejercitando ¡tu propia capacidad de amar! Y esa capacidad de sentir, de abrir o cerrar el corazón, no desaparece con aquello que te lo hace sentir (no se va con la persona); es una capacidad tuya y queda en ti, porque está en ti. Tú eres amor. Puedes soltar, entonces… Solo…

¡¡¡¡¡Confía!!!!!!

En tercer lugar, tener presente que tu necesidad es válida. Lo erróneo es el pensamiento de que tu necesidad puede ser cubierta solo por ello a lo que te apegas, genera dependencia a esa "persona" o de "ese algo o circunstancias". Esto en las relaciones de pareja sería dejar de pretender ser completado por el otro para desarrollar en ti esos aspectos. No hay una sola persona que pueda darte lo que deseas y nadie es vital en tu vida; eso fue cuando eras niño y ahora, de adultos, ni tus padres lo son. Toma conciencia de ello y ¡empodérate! Recupera tu propio poder sobre tu estado emocional.

Medita…

Mi capacidad de amarme
me conecta con
la fuente universal de amor.
Allí encuentro el amor incondicional
tan anhelado.
En ese instante,
descubro que todo lo que buscaba afuera
estaba dentro de mí.

Cuando terminé con mi primera relación amorosa de noviazgo, sentí que me iba a morir de angustia y pensé que jamás iba a encontrar a alguien que me amase y a quien yo amase de la misma manera…; pero luego sucedió, ¡volví a amar!

Conocí personas que han tenido excelentes matrimonios y, luego de enviudar, al tiempo, pudieron volver a enamorarse, encontrando un nuevo compañero de ruta. Claro que no es igual, pues cada experiencia es única e irrepetible. Es una nueva vivencia grandiosamente valiosa y dichosa.

Busca siempre estar presente con tus deseos y necesidades; son los claros mensajeros de los dictados de tu alma. Permanece allí, en ese lugar de paz, de sosiego, en el que experimentes esa tranquilidad que puede ubicarse físicamente a nivel de "la boca del estómago", aunque la mente y el entrecejo se tensen.

Haz lo que te produzca bienestar "desde las tripas", y todo sucederá. Lo que tenga que ser, será por sí mismo, por ser bueno, por ser auténtico. Será siempre lo mejor para ti. Será lo que es. Simplemente eso, lo que es.

No te quedes pegado a lo que puedas perder. El apego solo demorará lo que debe ser, y hará tu existir más pesado y dudoso.

Muchas veces, cuando la duda me asalta, recuerdo lo que Gastón me decía: *"¡Dios siempre quiere!"*. Esta afirmación se me amplió en comprensión con la siguiente frase que leí alguna vez y que atesoro para volver sobre ella cada vez que el camino de la vida me lo pide:

Dios tiene solo tres respuestas a nuestros deseos:

◈ Concedido
◈ Espera
◈ Tengo pensado algo mejor para ti

Aunque hay veces que pareciera que es demasiado bueno lo que me tiene destinado ¡que se demora tanto! Ja, ja.

Recuerdo cuando fui a buscar casa para comprar en Buenos Aires con un crédito hipotecario; había conseguido una muy linda a estrenar y al mes me devolvieron la seña porque había aparecido un comprador con todo el efectivo. Esa situación se repitió 2 veces más hasta que empecé a bajar mis requisitos: nuevas zonas, lugares con reformas a realizar… Y la misma situación se volvió a repetir ¡otras 3 veces! Se cayeron 5 operaciones donde otro comprador llegaba con el efectivo y me devolvían la seña, después de 6 meses de incertidumbre y de pasar de la ilusión a la desilusión, apareció la casa que compré y resultó ser la más linda y la que cubrió ampliamente todas mis expectativas.

¡Confía! No hay nada que realmente necesites que se te pueda quitar. No hay posibilidad.

¿Te preguntaste alguna vez qué es lo único de lo que puedes estar seguro? De lo único que puedes estar seguro es de la muerte. Es el único estado que no cambia, que permanece. A partir de allí, piensa que cada vez que buscas seguridad… pues te alejas de la vida.

La vida es cambio y movimiento. Tienes que aprender a surfear en las olas de la vida. Para eso, te propongo afianzarte en la sabiduría de la incertidumbre. Deepak Chopra habla de esto en su libro *Las Siete Leyes espirituales del éxito*: *"Quienes buscan la seguridad la persiguen durante toda la vida sin encontrarla jamás. La búsqueda de seguridad y de certeza es en realidad un apego a lo conocido. ¿Y qué es lo conocido? Lo conocido es el pasado. Allí no hay evolución"*. Lo conocido también puede ser una idea de lo que te hacía bien y esa idea estar siendo limitante, un impedimento para abrirte al campo de posibilidades.

Lo neurótico es pretender un resultado diferente haciendo más de lo mismo. La repetición es lo más parecido a la locura —decía Einstein—, si quieres un resultado diferente tienes que cambiar algo. *"La incertidumbre es suelo fértil para la creatividad pura y para la libertad.*

Lo desconocido es el campo de todas las posibilidades siempre fresco, siempre nuevo, siempre abierto a la creación de nuevas manifestaciones. Sin la incertidumbre la vida es solo una vil repetición de recuerdos gastados. [...] Pero cuando hay apego, la intención queda atrapada en una forma de pensar rígida y se pierden la fluidez, creatividad y espontaneidad. [...] "Siempre tenemos la intención de avanzar en una determinada dirección, tenemos una meta. Sin embargo entre el punto A y el punto B hay un número infinito de posibilidades y si la incertidumbre está presente podremos cambiar de dirección en cualquier momento, si encontramos un ideal superior o algo más emocionante. Al mismo tiempo será menos probable que forcemos las soluciones de los problemas, lo cual hará posible que nos mantengamos atentos a las oportunidades".

Si realizas visualizaciones a fin de materializar tus deseos, solo concéntrate en el estado emocional que deseas alcanzar, ¡no sea que quedes atado a las formas! Como la realidad dolorosa e increíble de aquellas personas, mayores de 30, a las que se las escucha afirmar convencidas: *"Yo estoy solo/a porque sé muy bien lo que quiero y eso me hace más exigente…"*. Entonces despliegan una larga lista de requisitos a cubrir que lo que realmente logra es cerrar el campo de posibilidades y limitar su capacidad de amar.

Cabe aquí recordar aquella frase de Saint-Exupéry en *El Principito*: *"Lo esencial es invisible a los ojos, no se ve bien sino con el corazón"*. Focalízate en las vivencias que deseas tener en tu vida, elimina los preconceptos y abre tu mente, pues ¡nunca se sabe en qué envase viene el amor!

Cada "obstáculo" que se nos presenta en la vida es la semilla de una oportunidad para algún gran beneficio. Una vez que nos apropiemos de esta capacidad —que no es más que la que poseemos esencialmente desde siempre— nos abriremos a toda una gama de posibilidades, lo cual mantendrá vivo el misterio, el asombro, la emoción, la aventura… requisitos para la experiencia certera del amor. Aceptar la incertidumbre es abrirse a las oportunidades.

Me gusta poner énfasis en la idea del desapego, ya que nuestra sociedad occidental fomenta el consumismo y el exitismo, que lleva a confundir el Ser con el tener.

Dentro de ese paradigma, se percibe a la felicidad como algo que tienes que alcanzar. Si es algo a alcanzar, la perseguimos pensando que algo de afuera nos la va a proveer, y eso genera apego. Este apego puede estar dirigido a conseguir bienes materiales, determinado puesto de trabajo o posición social, títulos o conocimiento, o tener amigos o un matrimonio, o hijos.

Sea lo que fuere que creas que te dará felicidad, se convierte en una zanahoria detrás de la cual correr y que, al alcanzar, no nos produce la satisfacción suficiente, pues no es justamente eso, suficiente… Aparecerá otra zanahoria, y luego otra y más tarde otra y otra… ¡Eso es garantía de insatisfacción!

Es por esto que el apego es germen de la voracidad y caldo de cultivo de las adicciones. Puedes ser adicto a la actividad, al consumo de drogas, a comer, a comprar, al juego, al trabajo, en fin, a todo lo que realices en forma compulsiva para evitar el displacer.

El punto es que la huida
de la sensación displacentera
buscando el placer inmediato,
nos deja siempre más que insatisfechos.
Nos deja insaciablemente infelices.

Hemos confundido el camino con la meta. La felicidad no es la meta, es el camino. ¡¡Relájate y disfruta el viaje!!

En la infinitud de la vida, donde estoy,
todo es perfecto, completo y entero.
La vida no se atasca, ni se inmoviliza,
ni se enrancia, pues cada momento
es siempre nuevo y fresco.

LOUISE L. HAY

CREAR UN VACÍO FÉRTIL

Cambiar algo implica soltar lo conocido. La vida es cambio, pero no te asustes, algo permanece: tu esencia y la esencia de todo lo que te rodea se mantiene. Y, algo más, el origen de todo lo creado está allí y te sostiene.

No te preocupes por dónde empieza el cambio, siempre afecta a la totalidad.

En mi experiencia con Silvia a largo de un año, comenzábamos el trabajo grupal con meditación zazen. Esta consistía en quedarnos sentados en posición de loto solo contemplando nuestra respiración. Silvia nos brindaba una imagen que a mí me servía: decía que la mente era como un caballo desbocado y que al aquietar nuestro cuerpo podíamos observar su movimiento. *"Todo tu trabajo tiene que ser que la mente pueda estar contemplando lo que sucede, aquí y ahora"*, nos decía.

La mente huye hacia el pasado o hacia el futuro; eso daña. La ansiedad y el miedo son dos maneras de anticipación que nos sacan del aquí y ahora. Cuando con la mente vamos al pasado, sentimos nostalgia, melancolía o culpa: ¿qué voy a buscar allí?

Cuando con la mente queremos anticipar el futuro, pueden suceder dos cosas: que sintamos miedo al pensar que algo catastrófico puede suceder, o que experimentemos ansiedad por pensar que algo maravilloso sucederá, y entonces queremos acelerar porque deseamos estar allá lo antes posible. Pero… ¡¿allá dónde?! ¿Puedo estar ahora en otro lugar? Es que el futuro lo creamos hoy con lo que hacemos de nuestro presente; pero, al instante, este presente se vuelve pasado (eterna paradoja).

Queda claro, pues, que el presente es el único lugar que podemos habitar… ¿Para qué queremos huir de él?

Cuando me doy cuenta de que mi mente
se va del presente, me pregunto
¿para qué me voy? Respondiendo
esta pregunta, descubro que toda acción
tiene una motivación que me lleva a
reconocer una válida necesidad.

Descubro que algunas veces la necesidad es entrar en contacto con algo del pasado que quedó pendiente de ser cerrado; otras veces, es para conectar con una sensación placentera, entonces busco en el arcón de mis recuerdos algo agradable que extrañar; y, otras veces, lo hago tan solo para huir de lo que sucede hoy.

En esos momentos, me pregunto: ¿qué es eso tan terrible y doloroso que sucede aquí y ahora, que siento que no puedo sobrellevarlo? Mi amiga Leonor respondería: *"Dios aprieta pero no ahorca"* y *"Lo que no mata fortalece"* (dichos populares que encierran sabiduría y que cito en homenaje a esta amiga mía que adora los refranes).

De toda crisis puedo elegir aceptar el desafío y salir fortalecido, o no aceptarlo y salir debilitado. Si a estas alturas continúas leyendo este libro, es que adhieres a la propuesta de decirle sí a la vida y eliges ser el protagonista de tu destino. Así que si la palabra "presente" significa regalo y... *"a caballo regalado no se le miran los dientes"* (otra frase que diría Leonor), entonces ¡¡¡disponte a recibir el presente con los brazos abiertos!!! Toma todo lo que sucede como experiencia, porque es lo único que se te puede garantizar en este viaje llamado vida: una experiencia… Y si de eso sacas un aprendizaje…, ¡mucho mejor!

Tener la experiencia es vivenciar, animarse a sentir, tirarse a la pileta. Para ello, no gastes energía pensando por qué, de qué te sirve; no cuestiones cómo viene la experiencia… No intentes comprender la moraleja antes de terminar de leer el cuento… Para aprenderla en su totalidad, antes debes "aprehender el camino" y, para ello, lo primero es darle la bienvenida.

Hay algo bueno para mí aquí y ahora, pero como requisito para acceder a ello tengo que estar, presente en mí, aquí y ahora. Si mi mente se va al futuro, pensando lo que me gustaría que hubiera, o al pasado, pensando en lo que había, ¡¡¡Me pierdo el presente!!!

No necesito esforzarme demasiado para lograrlo. Solo debo permitirme **estar** donde estoy, **aquí**, facilitarme **ser** lo que **soy**, **ahora**, ni más ni menos. Todo es lo que debe de ser.

Recuerda la frase de Goethe: *"Todo pensamiento que trasciende el momento presente hiere al corazón"*.

Ahora observa: ¿cómo sientes tu cuerpo en este preciso instante? Mira dónde estás. Retira un momento la mirada del libro, respira profundo y observa: ¿qué hay a tu alrededor? ¿Qué estás sintiendo en tu cuerpo en este instante? Si pudiste responder, estás en el **aquí y ahora.**

La meditación es el medio que enseña a vaciar la mente y a estar en el presente. Nuestra mente, educada en la sociedad occidental, sobrevalora la acción; de allí que no pueda —o no quiera— parar. Aceptar esto es un buen paso.

Ávida de hacer algo todo el tiempo, una manera simple de meditar es darle a mi mente una tarea puntual, una consigna que la obligue a focalizar en algo. Esta es una manera de decirle: "¡para!". Con esto, no queda otra opción que la de estar presente en el aquí y ahora.

Puedes proponerle cantar o recitar un mantra, rezar un rosario, bailar, dejarte llevar por una música o un sonido, contemplar una imagen, observar una vela, una ola, un árbol, sentir tu cuerpo, observar los cuatro tiempos de tu respiración: inhalación, retención, exhalación y descanso. Hay muchas maneras de meditar, la que elijas irá generando vacío y silencio interior.

Muchos me dicen: *"Meditar no es para mí, quedarme quieto no puedo, en silencio…, ¡menos!"*. Pues bien, mi respuesta es: no comiences por lo más difícil, por lo que más te cuesta, esto tiene que ser una experiencia placentera, de disfrute. Hay muchísimas técnicas y meditaciones dinámicas, así que te invito a explorar: experimenta y elige la que te resulte fácil y entretenida, sin perder de vista que el objetivo es aquietar tu mente.

Cuando lo hagas, debe ocupar tu pensamiento pleno y, de a poco, generar vacío. Incluso, puedes elegir hacer un deporte o danza, u otra expresión artística, lo que sea que pare el parloteo mental ayudará. Busca la tuya y, cuando la encuentres, conviértela en un hábito.

Aviso importante: por favor, cuando la encuentres, no quieras convencer a todos de que sigan tus pasos, pues puede ser tu camino a la redención, pero hay muchos que llegan al mismo lugar por otros caminos.

Cuando meditas, estás habitado y habitando tu presente, estás aceptando el hoy. Pues ¡suelta lo que te ata! Solo en la aceptación, abrazando lo que el presente te brinda, se logra la felicidad; ¡despierta!

Aceptar implica confiar y amar lo que hay. Sin "peros" ni condiciones. El presente es el regalo. Si te quejas, no lo aceptas. Si te enojas, tampoco lo aceptas. Si te deprimes, resignas, añoras…, tampoco, tampoco, ¡Tampoco lo aceptas! Y si ahora, que lees esto, te entusiasmas con la idea y quieres hacerlo ya mismo y comienzas a ponerte ansioso, no lo estás disfrutando… Entonces, relájate, suelta, toma el amor disponible, esa es la llave para la aceptación genuina.

Te invito a suspender un minuto la lectura…

Inspira profundo y, en la exhalación, permítete estar donde estás, aquí y ahora…

¿Lo estás haciendo? Concéntrate, ¿lo intentas?

Vamos, "desátate" y observa cómo te sentís…

Eso es…

No hay lugar donde ir, ni manera en que debas estar; solo observa cómo estás en tu presente, en este espacio-tiempo y quédate allí.

Relájate ahí mismo en donde estás… Y, si no estás relajado y detectas tensión, ¡acéptala! Observa lo que te tensa. ¡Aceptación total! Esa es la consigna, ese es el secreto…

No hay nada más "esquizo" (si se me permite el término) que ordenarte, ¡tienes que relajarte! (ya la idea de "deber" me tensa, ¡ja, ja!). Comienza por registrar cómo y dónde estás. Luego acéptate a ti mismo y a tus circunstancias.

Crea un vacío fértil lleno de posibilidades, pero para que estas últimas estén a la vista tendrás que esperar… Lo duro de mi proceso fue cultivar la paciencia sin perder la fe.

Al principio todo consiste en solo generar vacío; el vacío es la nada misma. Requiere sacar de tu vida todo lo que te resulta tóxico, como quien prepara la tierra para sembrar algo nuevo. Trabaja en distinguir lo que sirve de lo que no. Es como quien retira los yuyos y plantas secas…

Luego, renueva la tierra para "facilitar que entre aire nuevo", fertilizarla, nutrirla. Recién después de esta etapa, deja que caiga la semilla en la tierra que ya está preparada para que pueda germinar.

Sí…, estar sola fue el primer aprendizaje, y arduo, de mi proceso. La primera etapa de limpieza resultó aliviadora, en especial sacar lo que me dañaba y algunas "matas secas". No fue fácil dejar relaciones que estaban por convención y que era más energía tenerlas que soltarlas. Pero las mantenía por costumbre y para no tolerar la sensación de vacío, no es placentero.

Lo que me ayudó es querer más lo auténtico, lo genuino, realmente para sentirme verdaderamente satisfecha. El "desmalezamiento" me conectó con la alegría pero también con la nostalgia y con la tristeza de reconocer que algo que había tenido tanta vida ahora estaba seco…

Seguidamente, inquieta, sobrevino la incertidumbre. Allí fue donde me dije: ¡Confía en este vacío! (*shunyata*, en sánscrito). La nada es igual al todo. Entonces, la confianza me sostiene y puedo soltar… Habrás detectado un cambio de tiempo verbal en este párrafo: es que el proceso —por ser eso, "proceso", continúa; es nuestro presente, es la vida… *"Ladran, Sancho"* —diría mi amiga—, *señal de que cabalgamos"*.

Experimento la soledad cuando me apego a la idea de que *"debería haber alguien más"*. Cuando logro soltar esa idea, entonces la soledad se llena de mi presencia, escucho mi voz interior y entro en contacto con mi alma logrando iluminarme a mí misma… Es una experiencia sagrada.

Recuerda la composición de la palabra "soledad": es la edad del sol. Así, aprendo a ser buena compañera de mí misma y, por añadidura, comienzo a atraer buenos compañeros a mi vida.

Stevens lo expresa claramente diciendo: *"No empujes el río porque fluye por sí solo"*. Y yo digo: no nades contra la corriente, date la vuelta y flui con ella… ¿No es esto más relajado? Cuando las aguas están tranquilas, descanso y me relajo. Cuando aparecen las olas, es momento de surfearlas y divertirme con su movimiento.

Sea cual fuere el momento que más disfruto en la vida, el de la acción o el de la relajación, tengo en cuenta que uno precisa del otro para existir. No se puede estar siempre en la cresta de la ola, sería agotador; tampoco se puede "hacer la plancha" todo el tiempo: en algún momento necesitaré moverme para que los músculos no se "adormezcan".

¡Aprende a disfrutar la vida, aceptando todos los momentos que te ofrece para vivirla plenamente!

Este capítulo intenta expresarles mi último despertar. (Me sorprende experimentar que es el que más rápido estoy escribiendo. El amor fluye en mí y es como la síntesis del gran descubrimiento de mi vida. Es como el velo que al caer permite ver lo que siempre estuvo allí).

Para ello, te compartiré la historia de este proceso, el que comenzó con una revolución interna, un caos que derribó ideas preconcebidas y fuertemente arraigadas sobre cómo debe ser el amor de pareja.

La realidad me demostraba que no podía controlar nada… Las estrategias no funcionaban, la anticipación tampoco; no podía asegurar que mi novio sería el hombre con quien envejecería…

Me encontraba en la vida con personas que, creyendo haberlo encontrado, se desmoronaban y perdían la felicidad con la muerte de uno de ellos. Otras parejas que, al desear un hijo y chocarse con la noticia de la esterilidad, se separaban. Otros matrimonios, con hijos, pero superados por la cuestión económica, también sucumbían. Y aquellos otros que, aparentemente, tenían cubiertas todas las necesidades, sentían que la rutina y el aburrimiento se les caía encima… En fin, al que tenía de un lado, le faltaba del otro.

Si la felicidad consistía en tener, era imposible obtenerla, ya que siempre algo falta para que sea completa.

Al caos le continuó la pregunta *"¿Será que la felicidad no existe? ¿Cómo hay que vivir para ser feliz?"*. La misma pregunta que me perseguía desde los 17 y aún no tenía respuesta. Veinte años después, la realidad se imponía y tenía la sensación de estar en un terremoto donde se rompían sólidas y antiguas estructuras de mi mente.

Es más, en esos días turbulentos, había tenido un sueño en el que un helicóptero chocaba su cola con un antiquísimo y prestigioso edificio de Recoleta y, así, la construcción, tan sólida como antigua, se caía en mil pedazos ¡y el helicóptero apenas la había tocado! El sueño me brindaba un mensaje existencial… Nada, por más antiguo y sólido que fuera, podía mantenerse: el caos estaba declarado. Tenía que cambiar mi manera de pensar, tenía ideas que habían quedado arcaicas y ya no podían ser sostenidas.

Y luego de las preguntas lo que continuó, fue una carrera buscando respuestas…

Ninguna idea se sostenía durante mucho tiempo. Buscar certezas era como querer colgar un cuadro en medio de un temblor. Cada vez que quería generar una nueva idea, se desmoronaba antes de que le pudiera dar forma. Todo se caía.

Cual búsqueda del tesoro, cada vez que aparecía algún dato de la realidad, lo tomaba como señal y me decía a mí misma: *"¡Ajá! ¡Es por ahí!"*. Y, al poco tiempo, aparecía otro indicio de la misma realidad que me hacía dudar… "Es que ¿será así?". Y al rato aparecía otro signo que me indicaba todo lo contrario y claramente me convencía: *"¡No, tampoco es por acá!…"*.

Como no aparecían respuestas, y el antiguo plan había fallado, decidí entonces "soltar" todas mis ideas sobre cómo debería ser "la" vida capaz de garantizarme la felicidad, y me dispuse a idear una nueva: "Dudar de todo lo preconcebido e ir en búsqueda de la verdad". Así comencé a observar la realidad y a observar también lo que mi corazón me dictaba.

Acepté la desorientación y la incertidumbre, dándoles la bienvenida a mi vida. Como quien está en el ojo del huracán y no tiene otra cosa que hacer más que esperar a que todo se calme, me quedé contemplando el caos.

Y así fue como apareció mi nuevo plan: vivir sin plan. Comencé a vivir sin pedir garantías. ¡Y fue tan relajante! Abandoné toda idea de control. Elegí hacer más agradable el presente dejando que el corazón me llevara a donde vibrara con más fuerza.

Enseguida aparecieron numerosas señales con el mensaje de "no confundir deseo con necesidad"; entonces, comencé a transitar la sabiduría del desapego.

Cada charla que tenía, cada película que veía, cada e-mail que recibía iba respondiendo y gestando forma.

Me indicaban que estaba en el camino transitándolo desde el ser. Entonces, el proceso que venía desde hacía meses, en menos de un par de días, se cerró.

Vertiginosamente, como quien arma un complicado rompecabezas durante largo tiempo y coloca en minutos las últimas piezas, o quien realiza los últimos movimientos del cubo mágico. Todo cerraba a la perfección. Era tan sencillo y rápido… La respuesta siempre había estado allí y no me había dado cuenta. Para estar atenta a mi GPS interior, me volví más receptiva y contemplativa. Y, al dejar de buscar, encontré.

Había encontrado la forma de ser feliz a pesar de todo y con cada experiencia que se me presenta en la vida. Se trataba de surfear las olas. De Vivir la vida y no de pensarla tanto. De disfrutar de lo que el presente me brinda. Finalmente, comprendí la frase que tanto repetía mi amiga: *"No es rico el que mucho tiene sino el que poco ambiciona"*. ¡Y yo ambicionaba tanto! Peor aún, quería controlar todas las variables para que nada se saliera del plan que yo había trazado, una equivocación lo podía arruinar todo… ¿Qué pensaba que se iba a arruinar? Si la vida es lo que vivo en este instante pero no disfruto el proceso, ¿eso es vivir?

Estuve confundida por años. Creía que la felicidad era algo que tenía que alcanzar, en vez de un estado que cultivar en mí. El amor no era algo que tenía que conseguir, solo necesité reconocerlo dentro de mí y en todo lo que me rodeaba.

Si vivo mi vida a cada instante, tengo que prestar atención en cómo la vivo, ya que está ocurriendo ahora mismo.

Así fue cómo se gestó ese cambio en mi mirada, el que hoy te transmito. Te estoy hablando de un camino transitado. De un despertar totalmente propio. Como un niño que empieza a caminar, dejé de gatear y descubrí el mundo desde una óptica distinta.

Es un cambio radical en mi mirada que produce un cambio de estado que me brinda una paz indescriptible.

Soy feliz, y esa felicidad no depende de cómo está ordenada la vida sino de cómo está ordenado mi interior.

Cuando dejé de poner el eje en el afuera, todo empezó a estar mejor. Estoy en **mí**, abrazando **mi** presente.

Comparto aquí una historia que escuché en una conferencia de W. Dyer:

"Una señora de 92 años, ciega, muy lista y coqueta, prolijamente vestida y peinada, espera pacientemente en el vestíbulo de una casa de retiro que le asignen la habitación que será suya a partir de ese momento. Su esposo de 70 años acaba de fallecer. Finalmente, una empleada ofrece acompañarla a la habitación, y ya en el ascensor le describe cómo era su cuarto y lo que iba a encontrar en él: sábanas, toallas, una ventana que da-

*ba al parque. Antes de entrar, la señora exclamó entusias-
mada como una niña de 8 años: '¡¡Me encanta!!'. Auto-
máticamente, la empleada le preguntó: '¿Cómo puede
saberlo si aún no se lo mostré?'. Entonces la señora le respondió: 'Que me guste o no, no depende de cómo esté ordenado mi cuarto, sino de cómo esté ordenada mi mente".*

Lo que es adentro es afuera.
Dependiendo de cómo me siento
es como veo el mundo y de acuerdo a cómo
lo pienso es cómo me siento.
Al darme cuenta de esto puedo
cambiar el foco.
Y lo que es figura puede pasar a ser fondo.
Ahora que soy consciente,
elijo dónde poner mi mirada.
Aquí está todo y todo está en mí.
Yo elijo qué actitud quiero
adoptar en la vida.
Sea lo que fuere que esté condicionando
tu felicidad es solo eso:
un condicionamiento.
Recuerda que lo que condiciona
no es determinante. Lo que determina
el resultado es tu elección. Así que,
ya sea que percibas un obstáculo

o una carencia, puedes quejarte por ello o
aceptarlo, para ver dentro del campo
de posibilidades cómo seguir
el anhelo de tu alma.
Siempre hay amor en mi interior porque
provengo del amor y soy amor.
No hay manera de que
quede vacío.

El vacío se siente cuando deseo que haya alguien o algo y eso no ocurre; entonces me siento sola. Si acepto ese momento de "soledad" permaneciendo en contacto con mi deseo íntimo, el amor sucede naturalmente ¡porque estamos rodeados de amor! Todo lo que te rodea surge de una fuente inagotable de amor: contempla la naturaleza, observa a los niños, mira a los ojos, abraza a tu prójimo o tómalo de la mano… Sentirás el calor, esa calidez que solo puedes experimentar cuando estás abierto, receptivo, eso es el amor.

No es necesario que haya algo o alguien especial en tu vida para experimentarlo. Tal vez te encuentres muy cerrado, tu corazón congelado, y necesites algo para volver a sentir ese amor que te es propio. Participa de un retiro espiritual, o comienza una terapia que comprometa tu sentir, acércate a la ternura de los niños, abraza a alguien, adopta una mascota, una actividad que te haga vibrar el alma… En definitiva: permite que la experiencia del amor te toque el corazón. ¡Descongela!

Recuerdo un poema de Poldy Bird en el que decía: *"La ternura, lo único que puede conmoverme, lo único que puede subyugarme"*. Yo no sé si es lo único, pero la ternura es un camino seguro para ablandar el corazón. Para conectar de alma a alma, con otra persona o con el alma de la naturaleza. ¡Deja que ese calor entre en ti y enamórate de la vida!

Enamórate de ti mismo, tú eres amor, vienes del amor. Estando en el amor, recibirás más amor. Negando el amor, permanecerás alejado de él.

El amor atrae más amor. Te conecta con la fuente de amor universal y con todas sus manifestaciones de abundancia. Es el lugar donde encontrarás tu propia compañía y dejarás de sentir soledad.

Somos parte del todo. Soy parte del todo. Si reconozco que soy amor, la mejor forma de vivir es… ¡enamorada de la vida!

EJERCICIO PARA EL DESAPEGO

Este ejercicio te facilita percibir la vida con una mirada diferente. Un cambio de paradigma, en el que puedas experimentar la felicidad en cada momento de tu vida.

La felicidad no como meta a alcanzar sino
como un estado a cultivar: estar feliz.

1. Identifica **a qué te apegas.**
   Tómate unos minutos y repasa todas esas
   cosas por las que sientes apego.

2. Luego, **observa:**
   → ¿Cómo te sientes en contacto con aquello
      que tanto amas habiéndolo conseguido?
      Y si aún lo anhelas, imagina que ya estás
      con aquello tan ansiado...

   Identifica el estado emocional
   que te genera, chequea cómo se traduce
   en tu ánimo y en tu físico:
   → ¿Dónde lo sientes?
   → ¿Qué parte de tu cuerpo genera ese
      estado, de dónde surge?
   → ¿Cómo lo sientes?

3. **Registra que ese estado surge de ti.**
   Es desde tu interior de donde se despliega
   esa sensación, la produce tu cuerpo en
   contacto con lo deseado. Nadie te lo puede
   quitar porque eres tú quien lo genera.

Es tu singular capacidad de sentir el amor,
de abrirte al amor.

4. **Agradece a quien resultó estímulo y ayudó
a que conectes con tu capacidad de amar.**
Despídete de él para quedarte observando
tu registro interno de amor, cómo toda
esa sensación plasmada en el papel es
tuya. Percíbela como propia y disfrútala...
Recréala en tu cuerpo, ¿puedes sentirla aún?
Observa cómo se modifica tu cuerpo con solo
recordarla: su temperatura, el movimiento,
el color... Esa experiencia es tuya y quedó
en ti; amplíala y lleva esa calidez amorosa,
extendiéndola a todo tu cuerpo... Deja que
trascienda y expándela a todo tu alrededor
como con la exhalación sale de los poros
de tu cuerpo para llenar el lugar donde te
encuentres... Llévala ahora a toda la ciudad...,
al país..., a tu planeta.... Deja que esa
sensación se expanda a todos los seres...,
a la naturaleza, para volver a ser uno
con todo lo que te rodea...

5. Ahora, toma una hoja y plasma en ella
la sensación que has vivenciado para tener
un registro impreso como recuerdo.

Colócalo en algún lugar donde puedas verlo
al despertar y cada vez que lo hagas sonríe,
acompañando tu sonrisa con pequeños
golpecitos con los dedos en el centro de tu
pecho, en la zona del esternón, en el espacio
del timo, estimulándolo.
→ Mantén la sonrisa haciéndola cada vez
    más grande..., un poco más...
    Todo lo que puedas, deja que abarque toda
    tu cara hasta transformarse
    en una "sonrisa con cara".

¡Sí... SONRÍELE al amor que hay en ti...,
a lo amoroso que eres... y, desde allí, al amor
que te rodea! Agradece la experiencia.

7

LA PRESENCIA SANADORA

"Caminante, no hay camino,
se hace camino al andar".

ANTONIO MACHADO

Comenzar por uno mismo

Este es un llamado a los padres, a los terapeutas y a todos aquellos que por su profesión están implicados en ayudar a otros en lo emocional. También puedes sentirte llamado si eres referente de un grupo siendo maestro, directivo o gerente de una empresa, etc. Si estás en un puesto de liderazgo, liderándote a ti mismo colaborarás al bien común del grupo.

Así pues, bien, por una humanidad mejor, el llamado es "empezar por casa".

1° ***Sana tu niño interior:*** solo desarrollando un adulto contenedor podrás contener las demandas del otro. Si tu propio niño interior se encuentra desatendido, ¿cómo puedes hacerlo con otros? Tus necesidades empañarán subjetivamente tu visión y empobrecerá tu percepción o te desbordará. Así que date un espacio de autoconocimiento, ejercita realizando los ejercicios propuestos en este libro y bríndale a tu niño interior:

- *Dedicación de tiempo y atención.* Comunicación, escucha y posibilidad de expresar lo que siente sin represiones. Muchas personas dicen no tener tiempo para sí mismas porque se dedican al servicio, a ayudar al otro… Tienes una responsabilidad prioritaria que es contigo mismo. Como aconsejan a los que viajan con niños en avión, ante una emergencia primero el adulto debe colocarse la máscara de oxígeno y luego colocársela al menor. Quien contiene tiene que poder ser contenido. Para dar sanamente, hay que poder recibir. Es preciso un equilibrio entre el dar y el recibir. Observa si te quedas rígido en un polo. La gran mayoría de los que ayudan a los demás caen en este error que roza la omnipotencia. Mantén un espacio para que otro te atienda y cuide como tú lo haces con los demás.
- *Bríndate un entorno de aceptación incondicional.* Observa si eres muy exigente contigo mismo. Eres humano y, a pesar del camino que hayas transitado, puedes sentirte mal, ¡date permiso! Sé paciente y desarrolla el amor compasivo. Rodéate de personas que te acepten tal cual eres. Si para que te acepten debes vivir haciendo concesiones que traicionan los deseos de tu Ser, es momento de

buscar otros con quien relacionarte. Anímate a cambiar de entorno.

2° ***¡Recupera a tu niño maravilloso!*** Así podrás disfrutar y jugar con tus hijos, y también ser creativo a la hora de dar respuestas a los demás.
Bríndate afecto físico, mental y espiritual.

- *¡Abraza mucho, mucho, mucho!* Si realizas trabajos de grupo, abre la actividad con un abrazo y despídete con un abrazo. Los abrazos son muy poderosos y sanadores. Brindan valoración, seguridad, protección, confianza, fortaleza y salud. Sé sincero y comunicativo, diles a las personas cuánto las amas y demuéstralo. ¡Ábrete a recibir lo bueno que tienen para darte porque te lo mereces!
- *Realiza regularmente actividades que permitan mover tu cuerpo de una manera que te resulte entretenida.* Baila, canta, haz lo que te dé placer para liberar endorfinas y al mismo tiempo te ayude a conservar movilidad y agilidad.
- *Nútrete conscientemente.* Elige a conciencia los alimentos que nutran tu cuerpo, tu mente y tu espíritu. Realiza aquello que disfrutes y te llene el alma. Lee libros y mira películas que te resulten gratificantes. Elige estar con personas y hacer actividades que te llenen el alma.

3° ***Cultiva la humildad, la escucha, la aceptación incondicional (para ti mismo y para los demás) y la confianza (en tus recursos, en los del otro, en la providencia).*** Estas actitudes son las que reconocí en mis maestros, las que asumí y trabajo en mi persona, y las que hoy transmito a mis alumnos.

◈ *La humildad*: Para reconocer las limitaciones propias y las de tu campo de acción. Esta virtud te permite seguir perfeccionándote, derivar o realizar consultas interdisciplinarias cuando sea necesario y, fundamentalmente, facilita tu crecimiento como persona y como profesional.

◈ *La capacidad de escucha empática*: Entender con la razón y comprender con el corazón. No intentes reducir esto solo al campo de tu trabajo; si quieres ser amoroso con tus pacientes, alumnos o empleados, o aun con tus hijos, tómalo como práctica y hazlo con todos para hacerlo hábito, empezando por ti mismo.

◈ La confianza en tus recursos te permite desarrollar la capacidad de autocontención emocional, tanto de las emociones placenteras como de las displacenteras que puedan surgir.

◈ *La confianza en los recursos del otro te brindan paciencia y tolerancia en el proceso.* Cada uno tiene sus tiempos y solo necesitas estar ahí, con tu presencia, para acompañar el darse cuenta del otro y no avasallarlo. Confía en el otro, en su capacidad de aprendizaje. Estás a su lado para transmitirle que puede con su dolor y que él puede aprender a sostenerse. Tu misión: ayudarlo a que se conecte con lo que siente y no solo con lo que piensa. El insumo: la paciencia. La clave: la caridad y la confianza en las propias potencialidades, en los recursos con los que cuenta para salir adelante.

El trabajo interno de quien ayuda en el mundo emocional implica ser contenido por otro terapeuta, aceptar y buscar ayuda. Si te vas a dedicar laboralmente a esto, es primordial. Sé contenido y sé continente, fluye entre estos dos polos para mantener tu salud psíquica.

Nuestra personalidad puede favorecer u obstaculizar el encuentro, por ello es fundamental contar con un espacio de autoconocimiento y contención bajo supervisión de otro profesional para que los embates de la vida no empañen su percepción, para que puedas sostenerte en tu dolor y sanar tus heridas a fin de hacerlo con el otro.

Si quieres ayudar a alguien, tienes que empezar por casa, conociéndote a ti mismo. Trabaja con tu sombra y tus miserias. Créate espacios de autoconocimiento para sanar tus heridas y busca ayuda en otro profesional cuando lo necesites. También tienes que ser consciente de lo que aún no está resuelto en tu vida, ya que eso representa tus limitaciones, con el objeto de que cuando te encuentres con ellas frente al paciente puedas derivarlo.

El que consulta es siempre el niño interno del otro, acompañado de un adulto que no sabe bien qué hacer con él, por eso pide ayuda. Si no has rescatado a tu propio niño interior, no podrás acompañar el proceso del otro, pues aún no has transitado el propio.

Si no tienes suficiente trabajo interno con tu propio niño interior, el encuentro pasará a ser un encuentro entre dos niños que no podrán ayudarse demasiado, o un encuentro entre pares como charla de café. O bien, al no poder tolerar las emociones que surgen del niño del otro, identificarte con ellas; puede ser que operes como un adulto posesivo que quiere consolarlo o brindarle consejos, o te enojes porque otra vez cayó en el mismo lugar, etc. Las manifestaciones pueden ser muchas. El punto es que si no puedes con tu dolor, no podrás con el dolor del otro. En cambio, si estás trabajando en ello y aprendes a sostenerte, podrás brindarle al otro un espacio propicio para que también lo explore.

Pero… ¡cuidado! Aun habiéndote convertido en un experto (dícese del que tiene experiencia y es referente de otros), aun habiendo realizado mucho trabajo interno, puedes caer en otro peligro: la omnipotencia.

El que considere que ha llegado a un lugar donde ya no tiene nada que resolver, no ha llegado a ninguna parte, está perdido. Se ha subido al caballo de la omnipotencia y la soberbia. Desde ese lugar, lo que va a poder hacer con el que venga a pedir ayuda es solo darle consejos intentando sacarlo rápido de su dolor.

Otras veces, la soberbia lo llevará al desinterés en determinadas problemáticas, minimizándolas. En esos casos, lo mejor es revisar dónde está el corazón, observar qué me conmueve y permanecer allí. Aceptar mi limitación y derivar.

¿CUÁNDO Y PARA QUÉ IR A UN TERAPEUTA?

Aún hay personas que piensan que solo los locos van a un terapeuta, y otras que prácticamente viven con el terapeuta. En mi opinión, recomiendo la terapia en aquellos momentos perdurables en los que no puedas encontrarte contigo mismo, aun charlando con un buen amigo o retirándote a la soledad. Si habiendo intentado esos caminos continúas confundido, un terapeuta puede ayudarte.

Para volver a comunicarte con tu alma, quién mejor que tú mismo para saber qué es lo que tu alma necesita, en sus circunstancias. Si no te das cuenta, es que perdiste el camino. Entonces, el espacio terapéutico hará las veces de brújula y te ayudará a encontrarte.

¿Qué prefieres? ¿Alguien que te dé una lección de qué hacer o alguien que te enseñe a darte cuenta de tu propio cómo? Ese es para mí el detector de un buen terapeuta, el que *en lugar de darte el pescado te enseña a pescar"* y tú encuentras tu modo de hacerlo propio. Quien no da consejos, sino que ayuda al otro a descubrir y a conectarse con su sabiduría interior.

Así, estarás ayudando, a quien confía en ti, a sintonizar con los dictados de su alma, para pasar del apoyo externo al autoapoyo. Y el consejo, por bien intencionado que sea, parte de la sabiduría del otro y cada uno tiene su propio camino que recorrer; así como algunas lecciones de vida sirven para muchos a otros no, o precisan llegar allí por mérito propio. Me podrás decir: "¡¿qué más quiero que me digan qué hacer y que me saquen del lugar doloroso en que me encuentro?!". Esta realidad nos ayuda a recordar aquellas veces en que, a pesar de haber recibido un sabio consejo para evitar sufrir, no pudimos reconocer el riesgo hasta no darnos un buen golpe. No sirve lo que te digan hasta que lo comprendes con el corazón. Y es que muchas veces para aprender tenemos que tropezar, errar, vivenciar, implica tolerar la frustración cuando equivocamos el camino y hacer un aprendizaje de experiencia más que intelectual. El consejo para mí es como un bastón, y como concibo el espacio de terapia como generador de auto apoyo, no soy partidaria de darlos…, pero ya volveré a este punto.

El buen terapeuta es quien nos acompaña en nuestro dolor para que podamos atravesarlo y para que comprendamos el mensaje por nosotros mismos. Nos ayudan a aprender a ser los mejores amigos de nosotros mismos, "bancándonos" en las buenas y en las malas, dándonos el tiempo necesario para encontrar la luz al final del camino.

Al establecer un vínculo con él, su amor nos sana; porque nos conecta con el amor a nosotros mismos, aquel que hemos olvidado.

Cuando un terapeuta no puede con su dolor, no puede acompañarte en tu dolor, entonces suele dar consejos, te lleva "a upa" en el camino y toma un atajo con técnicas para que se te haga cortito, o te dice que el dolor no existe y que confíes más en su palabra que en tu sentir.

A veces me preguntan: de la manera en que lo planteas, ¿no se convierte el acompañamiento en un tratamiento largo?

Mi respuesta es *"Lo haces largo al desviarte de lo que solo tú tienes que hacer. Hacerte cargo de tu dolor, abrazarlo, es difícil, pero con un buen terapeuta aprendes a hacerlo; y, cuando esto ocurre, el dolor cesa. Deja de doler porque ya no necesita dar más alarmas para que lo escuches. Te estás ocupando de él, estás aprendiendo a ser el mejor amigo de ti mismo".*

La vida jamás se atasca,
ni se inmoviliza, ni se enraíza,
pues cada momento es siempre
nuevo y fresco.
Me regocija el conocimiento
de que tengo poder
para usar mi mente tal como yo decida.
Cada momento de la vida es un comienzo nuevo
que nos aparta de lo viejo.
Y este momento es un nuevo comienzo
para mí, aquí y ahora.
Todo está bien en mi mundo.

LOUISE HAY
(Usted puede sanar su vida)

COMPRENDER LA FUNCIÓN DEL TERAPEUTA

Si se trata de aprender a surfear las olas de la vida, será cuestión, primero, de aprender a nadar. Muchos vienen a la consulta para aprender a surfear, a fluir para disfrutar; otros se están ahogando en el mar de sus emociones, y algunos están en medio de maremotos y tsunamis, la mayoría de las veces generados por sus mismos pensamientos.

La tarea del terapeuta es que la persona pase del apoyo externo al autoapoyo. ¿El terapeuta aconseja?

En mi camino, aprendí que un buen terapeuta es quien enseña a nadar, pero con Dalmiro reconocí que muchas veces la persona no está en condiciones de aprender a hacerlo y necesita un salvavidas.

Fue un día en que estábamos en el grupo y alguien dijo que ese espacio le servía como un bastón. La imagen me causó rechazo y desde mi idealismo respondí: *"Yo quiero que me ayuden a que me pueda sostener por mí misma no que me den un bastón"*. A lo que Dalmiro respondió: *"Eso lo puedes hacer tú porque tienes tus piernas en condi-*

ciones, pero si las tuvieras fracturadas no podrías siquiera apoyarte en tus pies. En ese caso, necesitarías de un bastón hasta que tus piernas estén en condiciones de sostenerte".

Un consejo cumple la misma función que un salvavidas, o que el bastón en el ejemplo de Dalmiro. Volviendo a la metáfora de nadar, ¡lo más bello para mí es enseñar a nadar! Aunque reconocí que muchas veces tenga que tirar un salvavidas. Por eso lo uso *"solo en casos de emergencia donde hay peligro de ahogarse".* El que está aprendiendo solo puede hacerlo usando sus propios recursos. Mi mirada alumbra para que pueda verlos, y mi confianza en él le da el sostén para hacerlo.

Si abuso del consejo, puedo convertirme en "salvador" y generar dependencia. Es atractivo sentir el poder de ayudar al otro, pero mejor que ser salvador de alguien es ayudarlo a que él pueda ser su propio salvador; en eso consiste el real servicio.

De ahí en más, hay quienes quieren seguir viéndome en el consultorio para que los vea surfear, comparten conmigo el placer de estar en la cresta de la ola y también los dolores de sus caídas.

El terapeuta como partero ayuda a gestar a dar a luz

Otra imagen que ilustra el quehacer de un terapeuta es el de una partera, que ayuda a dar a luz la vida que alguien lleva dentro, o un maestro (viéndolo desde el punto de vista de la mayéutica socrática): que el otro pueda desplegar sus potencialidades, sacar a la luz aspectos de sí mismo que están dormidos, aletargados u olvidados dentro de sí. Y eso lo hago a través del reconocimiento de lo obvio. Lo guío desde lo que puede captar a través de sus sentidos hasta aquellas zonas que él "no puede ver", contemplar sus pensamientos, u observar sus actos. Muchas veces esos aspectos son visibles para mí, pero otras veces es como andar ambos a ciegas, acompañando en la confusión, confiando en que vamos a llegar a un lugar claro, que va a aparecer una luz al final del túnel.

Esto implica salir del lugar del *"Yo debería saber lo que le pasa al otro y qué es lo mejor para él"*. Abandono ese lugar de "supuesto saber" para confiar en que es él mismo el único que puede saber qué es lo mejor para sí. Pero si recurre a mí, es porque perdió su conexión interior y, por ello, muchas veces ni siquiera sabe cómo se siente, llega en un estado de total confusión, donde lo único que sabe es que se siente mal y quiere estar bien; *no sabe qué siente, qué piensa, qué desea y, menos aún, qué es lo mejor para él.*

Otras veces tiene conocimiento de todo eso, pero lo que no puede es conseguir lo que necesita. Aquí es importante no tentarse en decirle dónde está lo que necesita, dónde conseguirlo. Cuando empiezo a darle opciones para su solución, solo tiro salvavidas. Lo que a mi criterio es lo más fácil de hacer, pero lo más peligroso, porque puedo desviarlo de su camino. Se trata entonces de ayudarlo a escuchar los dictados de su alma para que él encuentre su brújula interna, su GPS interior que le diga qué hacer, cómo, dónde y en qué momento, y que confíe en él para gestar autosostén.

Aquí la misión del terapeuta es alumbrar para que el otro se ilumine. Es una tarea mayéutica el arte de dar a luz partes nuevas y nacer a una nueva manera de estar en el mundo.

Abandono la idea (y la exigencia) de tener que saber cuál es el camino que debería transitar, no necesito saber puntillosamente qué es lo mejor para el otro como requisito para ayudarlo. Es más, esa idea puede resultar interruptora del proceso.

Como "iluminadora", SÍ tengo la idea de que hay que ir por algún lado; entonces voy a alumbrar algunas partes y, en función del recorrido, evitaré iluminar otras. Por eso, es imprescindible trabajar con lo que hay, con lo que el otro trae, y observar dónde necesita poner luz. Como "partera", voy sacando a medida que aparece, y estimulando a través de mis preguntas o de ejercicios vivenciales, a que salga lo que tenga que salir, dar a luz.

Lo invito a compartir conmigo lo que va apareciendo, **no interpreto** lo que aparece, solo acompaño su **darse cuenta**. Eso es todo. Acompañar en el camino y facilitar la conexión. El consultante me guía en su camino, y mi luz es la técnica que poseo con mi indagación fenomenológica sobre lo que acontece.

Como vieron en los ejercicios, ayudo a que describa lo que ocurre, preguntando:

- *¿Qué?*
- *¿Cómo?*
- *¿Cuándo?*
- *¿Dónde?*
- *¿Para qué?*

Las personas tienen conexión con la sabiduría y con sus recursos, aunque como terapeuta no pueda percibirlos a veces, ni aun ellos reconocerlos. El consultante es quien me guía y va haciendo el camino, su propio camino, no el que yo considero que debería transitar.

Cuando el otro no sabe por dónde ir ni discrimina lo que siente, nuestro trabajo es contemplar cómo se siente con eso, y permanecemos allí, iluminando el impedimento. Ese es el estado que suele describirse como de vacío, confusión o parálisis. Lo ayudo a quedarse allí el tiempo que sea necesario, sosteniéndolo con mi presencia, sin juzgar, con respeto y contención, hasta que aparezca su darse cuenta; lo que puede durar minutos, horas, días o semanas. Simplemente, acompaño para que él pueda permanecer allí.

Lo que me permite tener esa presencia incondicional es la confianza en el proceso organísmico y mi trabajo interno para desarrollar paciencia por el tiempo del otro y respeto por su proceso. Al tener una actitud paciente, confiada y respetuosa, el otro puede ir internalizando una manera de ser que le permita ser más contenedor consigo mismo y sus circunstancias.

Y aquí volvemos a rescatar la importancia del trabajo interno del terapeuta: voy a poder quedarme alumbrando el dolor en la medida en que pueda quedarme en contacto con el mío. La linterna, el farol es la técnica; quien la tiene la va a utilizar mejor o peor dependiendo de cómo se encuentre sostenido. Lo que ilumina no es ni el farol, ni la persona que lo sostiene. Lo que ilumina es la luz que sale a través de él.

El terapeuta y la técnica hacen que la luz pueda alumbrar, pero no son la Luz. Por eso no precisa ser un iluminado, solo necesita su espacio para aprender a iluminar. Lo que le va a enseñar "qué" iluminar, "con qué" y "cómo hacerlo" van a ser los tres pilares que conforman la tríada fundamental del terapeuta: el estudio, la terapia personal y la supervisión profesional. Por estudio me refiero al conjunto de conocimiento teórico-práctico y las técnicas, la experiencia profesional, etc.; la terapia personal, porque su persona es instrumento principal para implementar lo anterior, y la supervisión profesional como método de mejora continua para observar el proceso entre ambas y fortalecer los recursos entre los dos pilares mencionados, el profesional y el personal.

Cuando concluí mis estudios universitarios, la idea de que debía saber qué le pasa al otro para guiarlo me parecía una responsabilidad enorme. Creía que tenía que ser sabia para lograrlo y desarrollar una experiencia de vida tan amplia que imaginaba que iba a poder dedicarme a la clínica solo al ser anciana.

Cuando entendí que lo que tenía que aprender era cómo ayudar a que el otro se conecte con su propia sabiduría, me tranquilizó mucho, ¡eso sí podía hacerlo!

Ser terapeuta es ser
facilitador del encuentro del otro
con su sabiduría interior.

La formación del facilitador no puede dejar de lado sus aspectos personales, lo cual requiere una metodología de estudio muy diferente del abordaje tradicional:

solo quien aprende a sostener su dolor puede ayudar a sostener el dolor ajeno.

La mejor metodología de gestación del terapeuta es ¡su gestación personal! El proceso de gestación va desde la persona al profesional.

Gestarte requiere adentrarte primero en tu mundo interno, parir aquellas partes dormidas desplegando tus potencialidades, aprender recursos más sanos para contenerte y protegerte, que permitan soltar viejas defensas que te impedían el contacto auténtico contigo mismo y con los demás.

Este proceso solo puede darse en un clima contenedor, donde puedas darle espacio a tu ser para que se exprese sin prejuicios ni juicios, capaz de respetarte cuando prefieras conservar tu darte cuenta en la intimidad.

Cuando aprendemos a desarrollar el amor incondicional, a autocontenernos en las emociones displacenteras, a ser el mejor amigo de nosotros mismos, se vivencia una experiencia profunda de transformación personal que facilita la transformación de otras personas que se nos acercan, aun sin la expresa intención. Pues la sola presencia y escucha, facilita la toma de conciencia en los demás. Y así es como, luego de gestarte personalmente, gestas un nuevo profesional, pues tu sola presencia resulta sanadora.

La Gestalt se ubicaba en la Psicología como una escuela que estudiaba los fenómenos de la percepción. La palabra "Gestalt" es un término alemán, sin traducción al castellano, pero significa al mismo tiempo "figura" y "fondo". Suele traducirse como "forma", "totalidad", "configuración plena de significado".

La Gestalt como enfoque terapéutico aparece en la década de 1950 con Fritz Perls.

Y llega a América latina por sus discípulos Adriana Nana Schnake y Claudio Naranjo.

Este enfoque holístico comprende a la persona como una totalidad integrada por mente, cuerpo y espíritu, reconociéndola inmersa en una sociedad. Prioriza el sentir, la vivencia, más que el pensamiento, como fundamento para tomar contacto con el aquí y el ahora, ya que solo en el presente se dan los cambios.

Gestalt no es solo una escuela psicológica, es una actitud ante la Vida que nos permite:

◈ Tomar conciencia de los aspectos negados de mi personalidad y así aceptarme íntegramente como soy.

◈ Cerrar situaciones inconclusas del pasado que han quedado pendientes en el presente y nos quitan energía.

◈ Darme cuenta de mis necesidades, deseos e intereses genuinos, aunque a veces se contrapongan a las exigencias de los demás.

◈ Pasar del apoyo externo al autoapoyo, para lograr el camino de la autodependencia y experimentar encuentros interpersonales desde el amor auténtico.

◈ Aprender a responder a lo que me sucede en forma creativa para no volver a tropezar siempre con la misma piedra.

La terapia gestáltica produce cambios profundos en breve tiempo, favorece el proceso de integración de la personalidad desde el autoconocimiento, el despliegue de las potencialidades, tener una vida más satisfactoria, y ser auténtico con uno mismo y con los demás enriqueciendo nuestros vínculos.

Premisas de la Gestalt

◈ **Aquí y ahora ~ recuperar el presente.** Si hay algo del pasado que esté pendiente de ser cerrado aparecerá aquí y ahora. Siempre la mirada puesta en el presente, es el único lugar y tiempo que puedes habitar y es en el que estás en este preciso instante. A partir de tu aquí y ahora puede acontecer un darte cuenta y acontecer un cambio.

◈ **No busca el porqué, "la causa real"** de lo que el otro dice. Simplemente escuchar y darse cuenta de lo que uno siente en función a ese contacto con lo que le sucede al otro.

◈ **Evita las generalizaciones.** No digas "siempre", "nunca". Cuando hablas así, no solo evitas la posibilidad de cambio, sino que ignoras que es un momento nuevo, inexplorado, y que te estás actualizando a cada instante.

◈ **Habla en primera persona** cuando hables de lo que te pasa. Habla de ti, de lo que te sucede a ti: *"Yo siento…; a mí me pasa…"*. Y, cuando quieras referirte a algo que hace el otro, frénalo en lugar de hablar de él. Observa cómo eso te afecta a ti y exprésalo. Recuerda: como han interferido en tu vida, a veces tú también quieres imponer o intentas convencer al otro para que cambie. Muchas veces, lo haces con la mejor intención de ayudar; pero el cambio empieza por casa. Ayúdate. Ocúpate de ti. Predica con el ejemplo. Toda la existencia te lo agradecerá.

◈ **Prioriza el sentir al pensar.** Fritz cita en su libro a Nietzsche, quien dijo en una oportunidad: *"La memoria y el orgullo se están peleando. Mi memoria dice que yo he hecho esto y mi orgullo dice que no pude haberlo hecho. Calla mi memoria y le doy la razón a mi orgullo".* Los recuerdos, sean estos veraces o distorsionados, aparecen como justificación, sosteniendo la novela de la vida. Lo que piensas puede estar equivocado, pero lo que sientes… no puede ser disfrazado. De esto no caben dudas. Prioriza lo obvio, lo que captan tus sentidos, no tus pensamientos, pues estos últimos son una interpretación de la realidad que puede ser modificada. Por ello, focalízate en el **para qué** y no en el **porqué**. Te puedes perder buscando las causas y el origen de lo que te pasa, y aun cuando lo encuentres te dirás: pues bien, ¿y ahora cómo sigo?

◈ **No a la anécdota.** No necesitamos que vayas a las anécdotas y recuerdos de tu pasado. Todo lo que necesitas trabajar de tu inconcluso pasado está en el presente, no necesitas ir atrás.

◈ **No interpretes.** La interpretación es una idea de lo que ocurre y puede ser errónea. Si fuera certera pero se brindara en un momento inadecuado, puede resultar agresiva para el que la recibe y muy contraproducente. Si, en el mejor de los casos, se diera en un buen momento, no resuelve tu manera de estar en el mundo. Saber por qué sucede lo que sucede no aclara el **cómo** resolverlo.

Gestalt como terapia contemplativa

En el enfoque **gestáltico** priorizamos la autenticidad y la aceptación. Para desarrollar una mirada contemplativa sin juicio ni críticas hacia lo que lo que pensamos o vivenciamos, la meditación es el recurso.

La mirada contemplativa de aceptación hace que toda tu vida sea un acto meditativo, **presente** en el aquí y ahora. Desde ese lugar, puedes sentirte parte del todo. ¡Qué maravillosa es la toma de conciencia de cómo la existencia te sostiene!

Para comenzar, realiza tu propia búsqueda de la manera más accesible y adecuada para ti de comunicarte con lo trascendente. Puede facilitártelo; por ejemplo, recurrir a una oración en un momento de silencio al despertarte y al acostarte.

Intenté buscar alguna breve para acercártela, y en la búsqueda encontré muchas que decían algo así como:

"Señor, nunca te apartes de mí", o *"permanece conmigo siempre"*, o *"no me abandones"*… Pero, ¡¡¡si Dios es lo que siempre fue, es y será, nunca puede irse!!! ¡¡¡Dios no se

muda!!! Y, si así lo sintiéramos, es porque le dimos la espalda, abandonamos la conciencia de que de Él procedemos y en Él permanecemos.

Si en algún momento te sientes desamparado, solo es porque perdiste tu centro. Verás que cuando vuelvas a ti, allí lo encontrarás…

Aquí va un cuento que nos viene bien para reflexionar sobre la idea que veníamos trabajando:

*Una noche tuve un sueño… Soñé que estaba
caminando por la playa con el Señor y, a través
del cielo, pasaban escenas de mi vida.
Por cada escena que pasaba, percibí que quedaban
dos pares de pisadas en la arena: unas eran las mías
y las otras del Señor.
Cuando la última escena pasó delante nuestro,
miré hacia atrás, hacia las pisadas en la arena
y noté que muchas veces, en el camino de mi vida,
quedaban solo un par de pisadas en la arena.
Noté también que eso sucedía en los momentos
más difíciles de mi vida. Eso realmente me perturbó
y pregunté entonces al Señor: "Señor, Tú me dijiste,
cuando resolví seguirte, que andarías conmigo,
a lo largo del camino, pero durante los peores
momentos de mi vida, había en la arena solo un par*

de pisadas. No comprendo por qué Tú me dejaste
en las horas en que yo más te necesitaba".
Entonces, Él, clavando en mí su mirada infinita
me contestó: "Mi querido hijo. Yo te he amado
y jamás te abandonaría en los momentos
más difíciles. Cuando viste en la arena solo
un par de pisadas fue justamente allí donde
te cargué en mis brazos".

———

Es como invocar al Espíritu Santo —que en la religión católica representa el Amor de Dios—. Al hacerlo, sería como invocar la sangre misma que ya nos corre por las venas y decirle que siga haciéndolo…

Se trata de disfrutar estar vivos, y de bendecir y agradecer cada día la gracia que nos ha sido dada. No hay nada que pedir si logramos vivir con la gracia de sabernos en amor y somos uno en él.

La clave está asumirnos merecedores para poder aceptar que somos amor y en volver a conectar con la fuente. Así es que elijo rezar para no olvidarme, para agradecer todo lo que tuve, lo que tengo y lo que me será dado. Rezo para no alejarme de la Luz, rezo para no apartarme de la Unidad con los otros, aun reconociendo mi individualidad. Rezo para tener siempre presente que él vive en mí y yo en él, que soy parte de todo lo que me rodea.

Así que, volviendo a mi idea de brindarte una oración que exprese la conexión con lo supremo, puedes habituarte a dar las gracias al levantarte y al acostarte. Pero la oración que elijo regalarte es la de San Francisco de Asís:

Señor, haz de mí
un instrumento de tu paz.
Que donde haya odio, yo ponga amor;
que donde haya ofensas, yo ponga perdón;
que donde haya duda, yo ponga fe;
que donde haya tristeza, yo ponga alegría;
que donde haya desaliento, yo ponga esperanza;
que donde haya sombras, yo ponga luz.
Señor, que yo no busque tanto
ser consolado como consolar;
ser comprendido como comprender;
ser amado como amar;
porque es olvidando que uno encuentra,
es dando que recibimos;
es perdonando que somos perdonados
y es muriendo como nacemos
a la vida eterna.

ARTETERAPIA: UNA VENTANA PARA VER EL ALMA

Como la Gestalt prioriza el sentir antes que el pensar, encontré en la arteterapia un canal perfecto para que la vivencia sea la protagonista del encuentro.

La actividad artística es conocida por sus naturales cualidades expresivas y terapéuticas y, consecuentemente, no es necesario poseer formación específica alguna para recurrir a ella.

Amo el teatro, el canto, el baile. Forman parte de mi vida como el dibujo y la pintura. Pero utilizarlos con fines terapéuticos me llevó a la necesidad de ahondar, no solo en los conocimientos de la psicología y del arte, sino de un método específico, de un cómo acceder al arte terapéutico y utilizarlo con dicho fin.

Así fue como conocí la profesión del arteterapeuta que tanto admiro y a través de la cual encontré preciados y queridos colegas, especialmente en Brasil, país en el que la arteterapia ha logrado posicionarse y consolidarse notablemente y que, personalmente, amo como mi segundo hogar.

Bárbara Ganim diseñó un hermoso trabajo en el que propone utilizar las imágenes expresadas para identificar lo que realmente estamos sintiendo, en lugar de lo que pensamos que sentimos. Dice Ganim: *"Cuando se dibuja una imagen de lo que se siente como una emoción, puede separarse lo que los pensamientos verbales están diciendo de la realidad que experimenta el cuerpo"*. Ella demuestra cómo diferentes personas han utilizado el dibujo, la expresión plástica como proceso "del corazón" para expresar y sanar su dolor.

La arteterapia es un medio que nos posibilita expresar las imágenes internas, las emociones más profundas que nos están causando dolor y sufrimiento, y que con las palabras no logramos liberar. Hablar del dolor que sentimos, a menudo, nos hace sentir aún peor o al menos no lo resuelve. Es que sucede que nuestras palabras suelen impregnarse de juicios, de culpa o de vergüenza, encendiendo así la ira, o la rabia, o la apatía y hasta la depresión.

Por lo tanto, hablar desde ese lugar del dolor emocional puede lograr solo una cosa: incrustar el dolor aún más en nuestra conciencia, haciendo que la curación sea un proceso todavía más difícil.

Consideraciones para quien desea realizar arteterapia

Si llegaste a esta altura del libro pero no hiciste los ejercicios, tal vez tengas dudas de si este recurso "es para ti".

En primer lugar, ten en cuenta que no se puede curar una experiencia, como un divorcio o una discusión. Lo que sí se pueden sanar son las emociones o sentimientos que la experiencia produce. Así que asegúrate de que lo que escribas o dibujes refleje tu necesidad de sanar algún aspecto de ti mismo, y/o ciertos sentimientos, emociones que te están impidiendo ser feliz.

En el libro, varios ejercicios propuestos utilizan recursos expresivos con la escritura y el dibujo. La idea no es valorar lo estético de tu producción. Por esto, no es requisito ser un artista, pintor, ni escritor. Cualquier persona, incluso aquellas que sientan no poseer el más mínimo rastro de capacidad artística, puede recurrir a este programa para dibujar su dolor. La producción está en función de otra cosa. Es un medio para expresar, explorar, descubrir, reconocer, reapropiarse y desarrollar.

◈ Descubrir y reapropiarte de aspectos de ti mismo que están allí, aunque muchas veces desconocidos o poco desarrollados y que esperan ser expresados.
◈ Para reconocer y desarrollar potencialidades.
◈ Para poder expresar, en otro lenguaje, la imagen, lo que resulta difícil y hasta imposible de expresar con palabras.

Se trata de priorizar el simbolismo personal.

Con la arteterapia gestáltica, se prioriza el simbolismo personal. Aunque el simbolismo general, por ejemplo, el que aparece en el grupo con el que trabajo, puede permitir abrir nuevos darse cuenta en cada uno.

El símbolo hace conexión de los contenidos del inconsciente con el consciente. Facilita la conexión de la mente con el espíritu, de lo propio con lo Divino. Ayuda a nuestra integración.

En busca de la sabiduría interior

Para ello es fundamental centrarse en lo obvio, tanto de la producción como del proceso creativo.

Contemplar las ideas, o sea, lo imaginario que aparece en relación con lo realizado o lo que no favorece el proceso de toma de conciencia. Se trata entonces de dejar de lado todas las ideas previas acerca de lo que me pasa o le pasa al otro, dejar de lado las interpretaciones.

Etapas del proceso

SENSIBILIZACIÓN

Cuando utilizamos el arte para expresar nuestro dolor, estamos accediendo al lenguaje interno del cuerpo-mente, a imágenes en lugar de palabras. Pero para que este se vehiculice, la imagen debe surgir desde una real conexión con tu interioridad.

Para ello, es necesario que conectes con tu sentir y que el dibujo no sea obra de lo racional.

Cuando lo sugerido es poner en palabras la experiencia, que estas provengan de la conexión íntima con tus emociones y no desde un argumento de tu mente.

Para cualquiera de las situaciones anteriores, es necesario que partas de realizar una sensibilización previa a los ejercicios; por ejemplo, que conectes con tu respiración. Esto facilitará tu toma de conciencia y tu darte cuenta.

Las técnicas de meditación y respiración te ayudarán a "vaciar la mente" y estar más conectado con tu presente, más atento al lugar de tu cuerpo que experimenta ese dolor y no a la interpretación que hace tu mente de él. Concentrarte en tu respiración facilita estar más cerca de tus emociones y más alejado de tus pensamientos.

VISUALIZACIÓN

◈ Previo a pintar o diseñar un dibujo, es importante imaginar la sensación o emoción observada. Hacerlo como quien mira para adentro. Esto es visualizarla, simplemente imaginarla con notas de realidad.

◈ Visualizar es la acción de representar o imaginar cómo se vería la emoción percibida, observada, si pudieras expresarla como una imagen. Si no te viene una imagen, solo permite que desde ese sentir se expresen unos trazos. La emoción se siente y puede expresarse a través de simples marcas en la hoja o con formas de papel, por ejemplo.

ELABORACIÓN

Los ejercicios propuestos te permiten observar con cada uno de ellos qué hiciste, cómo lo hiciste, en qué momento y para qué. ¡Permítete expresarte, isalga lo que salga y como salga!

Muchas veces, la cabeza no para. En esos momentos, la invitación es a que contemples tus ideas y las observes (no las resistas). Así podrás darte cuenta, por ejemplo, si te criticas, si esperas valoración, si estás atento a su resultado estético o te quedas fijado en las formas.

Aquí, a lo largo del libro, la propuesta fue recurrir a la expresión escrita y a la plástica. Decidí usar dibujo y escritura contemplativa como método principal de expresión, ya que la utilización de estas técnicas requieren pocos recursos materiales: solo lápices de colores, un cuaderno, hojas.

Pero, en los talleres que propongo como terapeuta, suelo incluir también teatro, cine, canto, baile y todo lo que facilite darle espacio al sentir más que al pensar, a la expresión plena más que a la palabra.

Se trata de observar el lenguaje de las formas, de los colores, del movimiento, de los símbolos y de las metáforas visuales, tanto como las emociones e ideas que me sugieren y que conectan dichos aspectos. Pues los recursos expresivos proporcionan mucha información. Pero no solo nos quedamos atendiendo al contenido o símbolo (a lo dibujado): atenderemos también la relación que el consultante realiza entre el símbolo y el proceso de su realización, atenderemos al cómo fue realizarlo.

REGISTRO

Luego de la experiencia artística, continúa el registro escrito, el que acompaña con palabras tu cómo fue hacerlo, qué sentiste, de qué te diste cuenta. Es muy importante que lo hagas mientras continúes conectado. No te interrumpas haciéndolo en otro momento. Tienes que estar muy atento para seguir hablando desde el corazón, prestando la mano a tu alma o al aspecto que has estado trabajando para que este se exprese.

DARSE CUENTA

Cuando se expresa una emoción dolorosa como una imagen representativa de cómo nuestro cuerpo reacciona a esa emoción, evitamos la interpretación. Quédate en la observación de lo obvio y en su resonancia o impacto emocional en tu ser.

Debemos focalizar la producción, el proceso, el sentir y el pensar del consultante siempre en el **presente**. Le preguntaremos entonces: *¿Qué tiene que ver contigo en este momento de tu vida? O, ¿con qué aspecto de tu vida tiene que ver?*

¿Qué te sucede cuando te das cuenta de esto?

Todas las preguntas van dirigidas a ampliar su campo de conciencia, el que la arteterapia abrió.

Es por ello que la arteterapia gestáltica es como una ventana hacia el alma. No solo porque permite que la persona exprese cómo está, sino también porque invita a buscar ese mensaje profundo y esencial que pone de manifiesto su sabiduría interior.

Facilitar eso sin interpretaciones, solo reflejando lo obvio, con señalamientos, preguntas e intervenciones cual tarea mayéutica de parir lo que hay dentro del otro, iluminar lo que ya hay dado, para evitar que las reflexiones y elaboraciones del terapeuta influyan o manipulen, o sean las protagonistas, ya que el trabajo del otro es percibido por nosotros. Enriquecer el sostén de las emociones con lo que se despliega en el espacio arte terapéutico, el *awareness* o darse cuenta del consultante, haciendo que él sea el protagonista de su toma de conciencia.

MIS CONCLUSIONES

stoy terminando el libro pero mi proceso de Gestación continúa.

Hasta aquí pasamos de la necesidad de amor insatisfecha, del apego que genera emociones producto de la dependencia, como miedos, celos, envidia; donde corrí mi eje y quedé girando como un satélite en torno del otro.

Al dejar de mirar al otro para observarme a mí misma, dejo de hablar de lo que el otro siente, hace, piensa y necesita, para registrar lo que yo siento, hago, pienso y necesito. Así vuelvo a mi eje, alineo con mi alma y escucho los dictados de mi corazón. La vía regia para la autorrealización, porque estoy presente conmigo.

Desde allí desarrollo mi autoestima, al amarme completa y profundamente. Aprendo a acompañarme en las buenas y en las malas, siendo el mejor amigo de mí mismo.

Ahora que escucho mis emociones displacenteras como señales que me alertan de mis necesidades y puedo quedarme en contacto con ellas para asistirlas, he aprendido a desarrollar un adulto contenedor.

Tengo deseos y sueños por concretar, de eso se trata estar vivos. Dios sabe si sucederán; entonces, "me entrego confiado a la providencia". Sé que cuando yo hago todo lo que puedo, Dios hace todo lo que falta, siempre que me comprometa plenamente con el anhelo de mi alma.

Es por ello que, aquí y ahora, reconozco que la felicidad nace de un estado que cultivo día a día. Agradezco lo dado y ¡disfruto el viaje!

Como cité al comenzar el libro, Fritz decía: *"Morir para nacer de nuevo no es fácil"*. Yo espero haberte acompañado a lo largo de estas páginas y ayudado con los ejercicios a gestarte; ¡a dar a luz algo nuevo en ti que te permita ser feliz a pesar de todo! Que tu gestación permita contribuir al proceso de gestación de otros.

Me despido con esta meditación; podemos hacerla juntos:

Cierro los ojos,
inspiro profundo,
con la respiración acompaño
la observación de cómo "me" siento...

Aquí y ahora,
presente conmigo,
abrazo todas mis emociones, todas…
Percibo la paz que me habita
y que habito…

Abro mi corazón,
percibo el amor que me rodea…
Soy parte del todo
y todo es amor…

Abro mis ojos y
mi corazón se entibia,
el calor se expande…

Soy feliz.

Si deseas compartir lo que te sucedió al leer el libro,
puedes entrar en contacto conmigo:
www.gabrielamurgo.com.ar, o por e-mail:
gabrielamurgo@gmail.com

¡Que disfrutes tu viaje! Con amor,
GABRIELA REGINA MURGO

BIBLIOGRAFÍA
que destaco en mi formación[*]
citada en este libro

ABERASTURY, ARMINDA. *Adolescencia normal*, Buenos Aires, Paidós, 1999.

ABRAMS, JEREMIAH (compilador). *Recuperar el niño interior*, Barcelona, Kairós, 2008.

BACH, EDWARD. *Obras completas*, Ibis, 1994.*

BORNEMANN, ELSA ISABEL. *No somos irrompibles*, Buenos Aires, Fausto, 1981.

BRADSHAW, JOHN. *Nuestro niño interior*, Barcelona, Emecé, 2009.*

BUCAY, JORGE Y SALINAS, SILVIA. *Amarse con los ojos abiertos*, Buenos Aires, Del Nuevo Extremo, 2000.

BUCAY, JORGE. *De la autoestima al egoísmo*, Buenos Aires, Del Nuevo Extremo, 2013.*

BUCAY, JORGE. *El camino de la autodependencia*, Buenos Aires, Del Nuevo Extremo, 2010.*

BUSCAGLIA, LEO. *Amor. Ser persona*, Barcelona, Plaza & Janés, 1985.

BUSCAGLIA, LEO. *Vivir, Amar y aprender*, Emecé, 1996.*

CAPACCHIONE, LUCÍA. *El poder de tu otra mano*, Madrid, Gaia, 1995.

CATENA, OSVALDO. *Orando con los Salmos*, Buenos Aires, Bonum, 1967.

CHOPRA, DEEPAK. *Las Siete Leyes espirituales del éxito*, Bogotá, Norma, 2008.*

COELHO, PAULO. *El alquimista*, Buenos Aires, Planeta, 2012.

COELHO, PAULO. *Al margen del Río Piedras me senté y lloré*, Buenos Aires, Planeta, 2003.

COELHO, PAULO. *El Peregrino de Compostela*, Buenos Aires, Planeta, 2002.

DE MELLO, ANTHONY. *Lo mejor de Anthony de Mello*, Grupo Editorial Lumen, 2001.

DYER, WAYNE W. *Tus zonas erróneas*, Buenos Aires, Grijalbo, 2014.

FILLOUX, JEAN CLAUDE. *La personalidad*, Buenos Aires, Eudeba, 2010.

FRANKL, VIKTOR. *El hombre en búsqueda de sentido*, Barcelona, Herder, 2013.*

FRANKL, VIKTOR. *La presencia ignorada de Dios: Psicoterapia y religión*, Barcelona, Herder, 2006.

FRANKL, VIKTOR. *La Psicoterapia al alcance de todos, Barcelona, Herder,* 2006.*

FROMM, ERICH. *El arte de amar*, Buenos Aires, Paidós, 2004.

FROMM, ERICH. *Miedo a la libertad*, Buenos Aires, Paidós, 2008.

FROMM, ERICH. *Tener o Ser*, Buenos Aires, Fondo de Cultura Económica, 2013.*

HAY, LOUISE. *Usted puede sanar su vida*, Barcelona, Urano, 2013.*

LERSCH, PHILIPP. *La estructura de la personalidad*, Barcelona, Scientia, 1963.

LEVY, NORBERTO. *El asistente interior*, Buenos Aires, Del nuevo Extremo, 2000.

LEVY, NORBERTO. *La sabiduría de las emociones 1*, Barcelona, Debolsillo, 2006.

NARANJO, CLAUDIO. *La vieja y novísima Gestalt*, Santiago de Chile, Cuatro vientos, 1990.

Osho. *Tarot Osho Zen: El juego trascendental del ZEN*, Madrid, Gaia, 1998.

Osho. *Tónico para el alma*, Madrid, Punto de Lectura, 2016.*

Perls, Fritz. *Enfoque Gestáltico*, Santiago de Chile, Cuatro Vientos, 1976.

Perls, Fritz. *Sueños y existencia*, Madrid, Cuatro Vientos, 2002.

Perls, Fritz, y otros. *Esto es Gestalt* (Stevens, John O., compilador), Madrid, Cuatro Vientos, 2004.

Prather, Hugh. *Palabras a mí mismo*, Santiago de Chile, Cuatro Vientos, 2007.

Prather, Hugh. *Como ser feliz apesar de tudo*, Río de Janeiro, Sextante.

Prather Hugh y Prather, Gayle. *Palabras a mi pareja*, Buenos Aires, Del Nuevo Extremo, 1992.

Salinas, Silvia. *Todo (no) terminó*, Buenos Aires, Del Nuevo Extremo, 2003.

Schmedling, Gerardo. "Aceptología: Enseñanzas".
En: *Psiquo. Desarrollo y superación personal*: http://www.psiquo.com/2009/12/aceptologia-ensenanzas-de-gerardo.html.

Schnake, Adriana N. *Los diálogos del Cuerpo*, Santiago de Chile, Cuatro vientos, 2005.

Schnake, Adriana N. *Sonia, te envío los cuadernos color café: Apuntes de terapia gestáltica*, Santiago de Chile, Cuatro Vientos, 2003.

Spitz, René. *El primer año de vida del niño*, México, Fondo de cultura económica, 1999.

Stevens, John. *El darse cuenta. Sentir, vivenciar, imaginar. Ejercicios y experimentos en terapia gestáltica*, Santiago de Chile, Cuatro vientos, 2003.

Welwood, John. *Amor perfecto, relaciones imperfectas*, Bogotá, Grupo Editorial Norma, 2008.

Welwood, John. *Psicología del despertar. Budismo, psicoterapia y transformación personal*, Barcelona, Kairós, 2002.

Wilhelm, Richard (traductor). *I Ching: El libro de las mutaciones*, Buenos Aires, Sudamericana, 2003.

Bibliografía especial de la autora

Mis apuntes de "Seminario de celos", con Norberto Levy.

Mis apuntes de "Seminarios de posgrado", con Silvia Salinas.

Mis apuntes de "Seminarios de anatomía vivenciada", con Adriana Schnake.